人生の黄昏を黄金に変える

「賢者のかけ算」

価値ある生き方へのヒント

井上裕之

HIROYUKI INOUE

JN093607

サンマーク出版

プロローグ

人生後半を価値あるものにするために

価値ある人生にまず必要なのは「バランス」

私は北海道の帯広で歯科医として活動するかたわら、おもにビジネスパーソンに向けて、自己啓発の書籍を出版してきました。

私がこれまで著書やセミナーで語ってきた内容は、おもに「潜在意識」を活用して、いかに「価値ある人生」を送るかということ。そのベースになっているのは、私自身が学んできた自己啓発の先達たちの知恵です。

「すべての人は思いどおりに生きている」と説いたジョセフ・マーフィー、「思考は現実化する」と説いたナポレオン・ヒル、『「原因」と「結果」の法則』という著書で知られるジェームズ・アレン……。

彼らが共通して教えてくれるのは、「運命は自分自身がつくっているのだ」ということです。

本書は私の81冊目の著書にあたり、私が60歳、すなわち還暦を迎えるタイミングで刊行されることになりました。そこで、仕事やビジネスだけでなく、もっと大きな視点で人生全般を俯瞰《ふかん》して、「価値ある生き方」を実現するために必要なことを見つめてみたいと思います。

医療技術や再生医療の進歩によって、人生100年時代といわれるようになりました。60代で勤めている会社をリタイアしたとしても、それからおよそ30年以上の人生を生きることになる。そうした人生の後半戦を、あなたはどのように生きますか？

より充実した、幸せに満ちた「価値ある人生」を過ごしたいという気持ちは誰でも一緒でしょう。だとしたら、「人生の価値」とは何なのでしょうか？

まず最初に思い至るのは「バランス」です。いくら事業で大成功を収めようと、莫大《ばくだい》な富を築こうとも、家庭に問題があったり、自身の健康が損なわれていたら、幸せな人生にはなりません。

アップル創業者のスティーブ・ジョブズは、病床で次のような言葉を残したといわれています。

「物質的な物はなくなっても、また見つけられる。しかし、一つだけなくなってしまったら、再度見つけられない物がある。人生だよ。命だよ。手術室に入る時、その病人は、まだ読み終えていない本が一冊あったことに気づくんだ。『健康な生活を送る本』だ」（『スティーブ・ジョブズ　最後の言葉』ゴマブックス）

仕事、健康、人間関係、家庭、お金……人生のあらゆる分野において、「バランス」がとれてこそ、「価値ある人生」を実現できるといえるでしょう。

振れ幅が大きいからこそ、バランスがとれる

ただし、一言でバランスといっても、その言葉が意味するものは実に広い。100人の人がいたら、おそらく100通りのバランスのとり方が存在するでしょう。

私がバランスという言葉を使うとき、そこそこに物事を行い、小さくこぢんまりとまとまる、といった意味合いはみじんもありません。

むしろ、人生のある時期、自分がこれだと思ったものにはとことん立ち向かい、頭の先までどっぷりとそれにつかって、その世界のことを知り尽くす。そのぐらいの情熱と気迫が必要だと思っています。

たとえば、歯科医を志して以来、私はつねに自分が理想とする世界に通用する歯科医の姿をめざしてがむしゃらに努力してきました。大学を出て大学院へと進み、その後開業してもなお、捨てきれなかった留学の夢を果たすためにニューヨーク大学のプログラムに参加するなど、学びたいと思った医療はすべて学んできました。

医療の勉強に一心不乱に取り組んでいるときには、本といえば歯科医や医学に関する専門書や論文、参考書の類いしか読んだことがありませんでした。それほど、ある意味かたよった生活を送っていたのです。

また、あるときから自己啓発について学びを始め、やがて自分でも自己啓発の本を何冊も上梓《じょうし》することになりますが、いったん自己啓発の世界に足を踏み入れたら、これと思った書籍や教材はすべて買いそろえ、時間が許すかぎり本を読み、目が疲れて限界を超えたら、ＣＤの教材を聴くといった生活をしてきました。

生活全般がそのもの一色に染められていくように夢中になり、とことん究めないと気が済まないたちでもあるのです。

そんな時期の私の生き方をみたら、バランスがとれているどころか、アンバランスの極みといってもよいでしょう。

しかし、それだけ多くのことを体験し、世界を広く見てきたからこそ、バランスがとれるのです。その人の力のかぎり広く、深く、世界を見てきた人でなければ、本当にバランスのとれた人生を送ることはできません。そういう意味では、バランスとは、振れ幅そのものだといってもよいでしょう。

人生を輝かせるのは、割り算でなく「かけ算」

さらに、バランスをとろうといったとき、何かひとつをとったらほかの何かを犠牲にしなければいけない、と思いがちです。

たとえば、仕事をとことんしているとき、家庭や家族に向き合う時間を犠牲にしなければいけない、と考えてしまう人は少なくないでしょう。

家族との時間をとれば、仕事にかけるエネルギーはそのぶん減ってしまうと思ってしまうのです。


しかし、家族を大切にするのは、何も長い時間をかければよいというものではありません。

家族やパートナーが大切にしている重要度の高いものをしっかりとやりながら、ほどほどの距離と節度をもって接する。そのほうが家族とも深い関係を築けるのです。


ひとつのことを大切にしたら、ほかの何かを犠牲にしなければいけないと考えている人は、人生を「割り算」のように考えています。

まるで1枚のピザをどの角度で切ったらいいかとでもいう具合にです。ひとつの面積を大きくとったら、ほかは小さくなってしまうという固定観念があるのです。

私は自分の娘が中学に進学した頃から、ほとんど一緒に暮らしたことがありません。中学・高校の頃は別々に暮らす生活でしたし、それから娘は歯学部へ進学、卒業後は海外に留学していたので、ときおりラインやメールでメッセージを交換することが続いていました。

しかし、同じく歯科医を志している娘とは、一対一の人間として伝えることは伝え、ときに深い話になることもあります。一緒にいる時間は短くても、家族として共有するものはとても大きいのです。

人生を豊かにするバランスのとり方とは、けっして「割り算」ではありません。それは「かけ算」なのです。

仕事を充実させるからこそ、家族との関係もそのぶん濃厚になっていく。あるいはプライベートを誰よりも豊かに過ごしていく人は、それによって質のよい仕事もできるものです。

本当に仕事のできる人は、四六時中仕事に没頭しているのではなく、短い時間、集中して仕事をしたら、それ以外のことに時間を使っている人が多いのです。仕事とそれ以外のことを、「どう割るか」ではなく「どうかけ合わせるか」が、より高い効率を生み、質の高い人生を送ることにつながっていくのです。

ビジョンとミッションを明確にすることの大切さ

もちろん、自分の人生でどのようにバランスをとるかは人それぞれです。人間関係はどうでもいいので、仕事で成果をあげられればいいという人がいてもよい。

どんなバランスで人生をデザインするかは人それぞれ、その人の価値観であって、その人自身が決めていくしかありません。

究極的にいえば、「死ぬときに後悔しない」生き方ができるかどうかということ。それは、いい換えれば自分の「理想」が明確になっているかどうかともいえるでしょう。

歯科の治療をしているとき、私はよく患者さんに「理想の治療計画」を立てましょうと提案します。神様は誰もが理想的な健康の状態で生きることを望んでいるので、そこに近づくことが治療だと思っているからです。

そのときに、この治療法をすればもっとよくなるとわかっていても、その治療を選ぶか選ばないかは患者さんしだい。その患者さんが、どのような理想を描いているかによるわけです。

しかし、その治療法を知らないままでいて、私のもとにやってきて初めてその治療法が有効なことを知ったら、もっと早く知っておけば、と後悔するでしょう。
これは人生全般にいえることで、まずは自分が考えうる「理想の状態」をとらえたうえで、そこから自分が何を選択するか。それが、後悔しない生き方をするうえでは大切なことなのです。

自分が「こうなるといいな」という理想像とは、「ビジョン」といい換えてもいいでしょう。ビジョンを描くことの大切さは、ビジネスの世界で強調されることでもあります。

そのビジョンを生み出すのが「ミッション」です。ミッションとは、「自分がどうなりたいのか」「何のためにそれをするのか?」という自分の生き方の軸になる「目的」のことで、ここが明確になっていないと、理想とするビジョンもまた見えてきません。

すべてのものはミッションから始まるといってもいい。たとえば、会議をやるとしたら、「今日の会議のミッションは?」というところから始めればいい。会社を起業するときもしかりで、ミッションをはっきりさせることが事業を成功させるもっとも根本的な要因になってきます。

したがって、私たちが人生を歩んでいくうえでも、ミッションは実に大切な「根っこ」なのです。

それだけにミッションとはシンプルで、一言でいい表せるものであるべきです。人に伝えたときに、すぐに理解してもらえるものでなくてはなりません。

よい知恵はどんどん「カンニング」しよう

ただ、いきなり「自分のミッションを見つけましょう」といわれても、そんなことを考えたことのない人にとっては、どうすればいいかわからないでしょう。

ミッションという言葉の意味すらわからないという人も少なくありません。

私が行うセミナーのなかで「ミッションを挙げてみましょう」といっても、なかなか書けない人が多いのです。たとえば「◎◎大学の大学院を首席で卒業する」などというのは、目標であってミッションではありません。

また、「自分がやりたいこと」をつらつらと挙げる人もいますが、それもミッションではありません。「なぜ、それをやりたいの?」という質問から生まれてくるものがミッションです。

たとえば「自分に関わる人すべてが笑顔になる」というのも立派なミッションですし、私のような医療者であれば「患者さんに痛みを与えないこと」「患者さんを健康にすること」も大切なミッションです。

あるいは、「すべての人をとりこにする」というミッションがあってもいい。

そこから自分の理想の姿が描けるならば、すばらしいミッションになるでしょう。

堅苦しく考えなくてもいいのです。要は自分の人生を形づくっている要素のなかで最高の状態をつくりあげたいということだけなのです。

ミッションを見つけるのに大切なのは「結びつける力」です。自分と他者を結びつけ、自分と社会を結びつけ、仕事と社会情勢を結びつける発想力です。

自分がみんなを笑顔にすることが、世の中にどんな影響を与えることにつながるだろうか。あるいは、患者さんが健康で働けるようになることが、社会全体の利益になりうるだろうか。

こうした「結びつける力」があれば、ミッションはひとつのキーワードで十分です。

一方、もし自分にまだ結びつける力がないと思われるのであれば、自分が尊敬する人、あるいはいいと思う会社が掲げるミッションにどんなものがあるのか、調べるところから始めればよいのです。社会的貢献や環境づくり、笑顔や感謝を集める、など、そこはミッションを形づくる言葉の宝庫です。

ミッションというと、自分の深いところから汲《く》み上げなければならないという思いがあるかもしれませんが、そもそもこれまでミッションの概念すらもっていなかった人が、自分の言葉でミッションを掲げるのはとてもむずかしいのです。

だから、まずは世の中で成果を出している人や会社がどんなミッションを掲げているかを調べて、それを真似するところから始めるのがよいでしょう。

そして、しっくりこなかったら、どんどんアレンジして変えていく。自分の成長にしたがって、ミッションもビジョンもどんどん変えていけばいいのです。

学生の頃のテストでは、カンニングはしてはいけませんでした。しかし大人になってからは、いいことはどんどんカンニングしていいのです。

何より偉大な先人たちが残してくれた言葉や思想、理念や哲学がたくさんあるのですから、それを真似るのは悪いことではありません。「学ぶ」という言葉は「まねぶ」という語から発したといわれるぐらいなのです。

人生100年時代は「賢者」になることが求められる

ふつうミッションというと、仕事やビジネスにおいて使われることが多い言葉ですが、人生を形づくっている要素――それはおもに仕事、お金、人間関係、健康ですが――において、それぞれのミッションを明確にして、バランスよく体系づけられたときに初めて、その人なりの「価値ある人生」が形づくられると思います。

そのためには、「大きな視野」でとらえることが大切です。目の前のことに夢中になったり、世間の価値観、つまり世間体に翻弄されていると、ついつい「木を見て森を見ず」になってしまいがちです。

人生そのものを俯瞰したときに、バランスがとれていたらよしとする。これこそが人生100年時代を心地よく生き抜くための秘訣《ひけつ》なのではないでしょうか。

もちろん、先にも述べたとおり、仕事に生きがいを感じる、ほしいのは富や名声だという人がいてても私は否定も批判もしません。

でも、本当にこれでいいのだろうか？　と立ち止まって考えてみることがなければ、「自分が求める幸せ」に気づくことができず、結果として価値ある人生を歩むことができなくなってしまうのも事実です。

年代に応じても、人生にはいろいろな時期があります。たとえば私は仕事に価値を置いていた30代、40代を送りましたが、50代から健康第一と考えるようになり、還暦を迎えたいまは、家族をはじめとする周囲の人たちとの絆《きずな》の大切さをひしひしと感じています。

人生には流れがあると、頭ではわかっていたつもりでしたが、実のところ、これほどまでに変化するとは思っていませんでした。実体験のなかでしかわからないことがあるのだなと痛感しています。

価値ある人生とはバランスだというのも、この年になったからこそわかることのひとつです。

なにしろ宇宙そのものがバランスで成り立っているのです。バランスの乱れが地球温暖化などの環境問題を引き起こすことを鑑みれば明白だといえるでしょう。

宇宙の一部である私たちも、日々のなかのあらゆる場面で、さまざまなバランスについて考えながら生きることが大切。うまくいかない人生もバランスを整えることで改善していくことができるでしょう。

人生におけるバランスとは「かけ算」のことであると、先に述べました。人生は実にさまざまな要素によって構成されていて、生きていくうえで気にかけなければいけないことも、無数にあります。

本書では、人生で考えうるいくつかの「かけ算」を取り上げながら、私同様、これから人生の後半戦に入ろうとする方々に向けて、どのようにバランスをとりながら生きていくのがよいか、そのヒントになるような話をまとめてみました。あなたにとって、いま直面している問題、あるいはこれから進もうとする道、自分のフィーリングに合った項目がきっと見つかるのではないかと思います。

人生100年時代の後半戦、いかに「価値ある生き方」を実現するか。
それには、成功だけをめざして突き進むのではなく、あるいは目の前の幸せだけで質素な人生を生きるのではなく、すべてをバランスよく俯瞰しながら幸せに人生を送る「賢者」になることが求められるでしょう。
本書がそのためのヒントを少しでも提示できれば、この上ない喜びです。

人生の黄昏を黄金に変える「賢者のかけ算」　目次

プロローグ

私の略歴書

ブックデザイン　水崎真奈美
編集協力　乙部美帆
本文組版　山中 央
構成　丸山あかね
編集　斎藤竜哉（サンマーク出版）

人生の黄昏を黄金に変える「賢者のかけ算」

願望
×
潜在意識

私たちの人生は潜在意識に操られている

人が自分の思い描いたとおりに人生を歩んでいくための鍵は「潜在意識」にあります。潜在意識についてとくに説明する必要はないかもしれません。

２００６年にアメリカで出版された『ザ・シークレット』（邦訳：ＫＡＤＯＫＡＷＡ）は、世界的な「潜在意識ブーム」を巻き起こしました。日本で多くの人が関心を寄せる「引き寄せの法則」も、潜在意識の活用法を説いたものです。

けれど、もしもあなたに潜在意識に関するきちんとした知識が備わっていなかったら、本書でこれからお伝えするアドバイスを理解していただくことがむずかしくなってしまいます。そこで簡単に説明しておきましょう。

私たちの意識は、表層的な意識である「顕在意識」と、意識の奥に潜んでいる無意識である「潜在意識」に分かれています。

このことにいち早く着目した心理学者のジークムント・フロイトの研究により、潜在意識が私たちの行動、思考、選択（意思決定）に大きな影響を及ぼしていることが解き明かされました。

さらに潜在意識に関する研究を深め、「顕在意識は海の上に顔を出している氷山の一部にすぎない」と定義づけたのは、心理学者のカール・グスタフ・ユングです。

現在では、意識のうちの顕在意識はおよそ3パーセントにすぎず、残りの97パーセントは潜在意識だといわれています。

シンプルにとらえれば、潜在意識は記憶の貯蔵庫なのです。この記憶をうまく活用して生きることが、「価値ある人生」に直結しています。

問題に直面したときに「いい記憶」を引き出すことができれば、ポジティブな言動につながり、よい結果を引き寄せることができる。一方、「悪い記憶」を引き出せばネガティブな言動につながり、悪い結果を引き寄せてしまいます。

潜在意識は善と悪の区別がつかず、その人の感情をそのまま受け止めて働き始めるという特性があるからです。

たとえば事業に失敗して人生の大ピンチを迎えたとしましょう。このときに「とはいえ自分は強運なのだから大丈夫だ」と思う人は、強運だと感じた過去の記憶によって自分を信じることができるのです。

そして「大丈夫だ」と思うことによって意識は自動的にポジティブに働き始め、記憶のなかの情報を駆使して、「あの人に相談してみよう！」といった閃《ひらめ》きを通じて救いの手を差し伸べてきます。

ときには絶妙なタイミングで相手から連絡があるといったシンクロが起こることもあります。

強い思いで運を呼ぶ――つまりこれが「引き寄せの法則」です。いずれにしても、自分を信じることのできる人にとって、閃きは潜在意識からのギフトだといえるでしょう。

一方、「自分はもうダメだ」と悪い方向に考える人は、過去の悪い記憶によって自分を信じることができないのです。

マイナス思考を受けて意識は自動的にネガティブに働き始め、ダメだったときに刻まれた心の傷を呼び起こします。すると「もう落胆したくない」といった怖《おそ》れによって、軌道修正するための行動が妨げられてしまう。

ひいては失敗を誰かのせいにして心をごまかす被害者意識によって成長の機会を逃すなど、人生が悪化の一途をたどることになるのです。

潜在意識を知ると願望のかなえ方が見えてくる

潜在意識は宇宙の法則であり、人間の法則です。

潜在意識のない人はひとりもいません。潜在意識を理解し、正しく活用して生きていけば、誰でも自分が思い描いたとおりに生きていくことができるのです。

「正しく活用すれば」といいましたが、「引き寄せの法則」に関心を寄せ、実践している人の多くが潜在意識に目覚めてはいても、正しく活用している人は少ないのです。

私のもとへは「引き寄せの法則」を実践しても、ちっとも夢が実現しないと訴える声もたくさん寄せられます。

そのたびに私は「夢が実現しないという現実」を見事に引き寄せているじゃないか、と思うのです。

なぜか？　それはひとえに勉強不足であることです。

たしかに、潜在意識の活用法を世に広めたジョセフ・マーフィーは「ただ、素直にこうありたいと思う。それが現実になると信じる。それだけで願望は実現する」と説いています。

でもマーフィーの本を徹底的に読み込んでみると、「こうありたい」という夢が魂の願望と一致していなければ潜在意識を活用して人生を好転させることはできないということが、明確に書かれています。

「もしも願いがかなわないとしたら、あなたの思い方や願い方が間違っているのです」と記されているのです。

かなわないのは、願望が魂の目的とズレているから

たとえばあなたが「素敵な恋人がほしい」と思っていたとして、そのことを願うのは悪いことではない。見ない夢がかなうことはないのですから、むしろ、どんどん夢見ていいのです。

でも、いくら願ってみてもかなわないのはなぜでしょう。それは「素敵な恋人がほしい」という願いが、魂の目的とズレているからだと考えることができます。

素敵な恋人をゲットするのは、幸せを感じるための手段であって、魂の目的ではないということです。

魂の目的を把握するためには、自分と向き合うとよいのです。私なら、こんな

ふうに内観していきます。

なぜ恋人がほしいのだろう？　↓さびしいから
なぜさびしいのだろう？　↓満たされていないから
なぜ満たされないのだろう？　↓不安だから
なぜ不安なのだろう？　↓自立していないから

この場合、魂の目的は自立することです。自立して自分が輝くことができれば、その輝きによって素敵な恋人を引き寄せることもできるでしょう。つまり、まず自分が明るい気持ちで暮らせる自分に変わることが先決なのです。

そこで、まず自分の力で歩んでいくと決める。すると、そのために勉強や仕事に打ち込もう、自分磨きに励もうなど、いますべきことが明確にみえてきます。

心理学者ウィリアム・ジェームズは「楽しいから笑うのではない、笑っているうちに楽しくなるのだ」といいましたが、人生も同じです。自分が変われば世界が変わる。夢がかなったから心が満たされるのではなく、心が満たされているから幸せを引き寄せるのです。

心の声×現実

自分のなかの「ワクワク」が人生の目標になる

私は大学で歯科医をめざす学生を対象に講義をしているのですが、ときおり、歯科医をめざして入ったはずの大学で、勉強に身が入らず、挫折してしまいそうだという相談を受けるのです。

そうした学生に「どうして歯科医をめざしたの?」と尋ねると、「親が歯科医なんで、なんとなく」とか、「本当は内科医になりたかったんですが、医学部に落ちちゃったので」といった答えが返ってきます。

たしかに歯科医をめざした理由として成立してはいますが、歯科医になるというのが目標なのかといえば心もとない。

それが目標であるならば、志を語るはずだからです。本来の自分の夢とはいい切れないからブレるのでしょう。

たしかに勉強は大変です。私にしても大学在学中は四苦八苦していました。でも「歯科医になりたい」「どうせなるなら一流になりたい」と思う私がつねにビジョンとして描いていたのは、患者さんの笑顔に触れて「よかったですね」と喜び合っている自分の姿でした。

目標を立てるためには、「それはワクワクすることか」と自分に問い続けることが重要なのです。そうすれば、自分がたどりつきたい目標がくっきりと像を結びます。

そうして立てた目標を実現するためなら、苦労は厭《いと》いません。あとから振り返れば「努力した」ということになるだけで、渦中にいるときは無我夢中。その情熱が引力となり、「引き寄せ」という奇跡が起こるのです。

なぜ、自分の目標を紙に書けないのか

セミナーなどでも「あなたの目標を紙に書いてみてください」とうながすと、戸惑う人がいます。目標をはっきりと打ち立てることができなければ、せっかく潜在意識に着目しても活用できないので、意味がありません。

「ブラック企業から転職したい」「借金地獄から抜け出したい」「イヤな上司から逃れたい」といったことを目標に掲げる人もいますが、これではブラック企業にいるという現実、借金地獄にいるという現実、上司がイヤなやつだという現実を潜在意識に伝えることになってしまいます。

なぜなら、「ブラック企業から転職したい」と思うのは、「いま、ブラック企業にいる」から。「借金地獄から抜け出したい」のは「いま、借金地獄にいる」から。

「イヤな上司から逃れたい」のは「いま、イヤな上司がいる」からです。

潜在意識がフォーカスするのは、つねに「いまここ」のあなたの状態です。

それに、潜在意識は総じて変化を好まないという特性があるので、この目標の立て方では、人生が好転するどころか現状維持になってしまうでしょう。

したがって、

ブラック企業から転職したい↓よい環境のもとで働きたい

借金地獄から抜け出したい↓経済的に安定した暮らしがしたい

イヤな上司から逃れたい↓よい人間関係を築きたい

といい換えて目標を設定する必要があるのです。

また、望んだ道を歩んでいるのにもかかわらず、心がしんどいとドンヨリしている人のなかには、自分の価値観より世間の価値観を優先して目標を定めているケースが多々あります。

自分の心の声を聞いたとき現実が動き出す

心の底から湧いてくるワクワクや情熱があっても、それとはかけ離れた現実を見ると、つい尻込みしてしまいます。でも、それが本当に心の底から湧き上がるものであれば、素直に自分の気持ちに従うのがよいと私は思います。

これは開業してからの話ですが、私のなかには、まだまだ学びたいという気持ちが渦巻いていて、アメリカに留学したいという発想が頭から離れませんでした。

その一方で、その頃の私は後にくわしく述べますが、さまざまな大変な問題に直面していました。

「ホントはアメリカに留学したいんです」などと、うっかり知人にいって後悔したこともありました。「病院を閉める気がないなら、潔くあきらめたほうがいい」と告げられ、「そうだよね」と口ではいいながら、心が少しも納得していなかったのでしょう。涙が出たのを覚えています。

あのときに感じたいいようのない寂しさや悔しさは、潜在意識からの「あきらめるな」というメッセージだったということが、いまならよくわかります。

私はけっきょく、自分の心の声に従うことにしました。打つ手はないだろうかと、ダメ元で周囲の人たちに打ち明けたのです。

一笑に付されるか、いいかげんにしろとあきれられてしまうかだと覚悟していましたが、驚いたことに両親をはじめとする周囲の人たちが理解を示してくれたばかりか、留学中の病院のことを一緒に考えてくれたのです。

このことをとおして「為せば成る」という成功体験を得た私は、自分の価値観を貫くことの大切さを知りました。

１００人が１００人無理だといっても、それは他人の価値観であって、自分の価値観ではないということ。自分の価値観を貫くためには熱意が必要なのだということ。

自分の価値観を貫くのなら、絶対に成しとげるという信念をもつこと。これが私の成功哲学です。

価値観があるから理想が見えてくる。ゆえにミッションは、世間体や他人の価値観に振り回されることなく、自分とだけ向き合って打ち出す。

そして、どうすれば理想と現実のバランスをとっていけるのかと考える。強い信念があれば、必ず答えは見つかります。

信念×柔軟さ

自分にふさわしくないと思っても大きな夢を描く

セミナーなどでよく尋ねられることのひとつに、「どんな願望を抱いてもいいのですか？」というものがあります。

そうした人の多くが、身の丈に合った夢でなければかなわないのではないか？いまの自分が壮大な夢を描くのはおこがましいのではないか？といった心のブレーキがかかり、夢見ることさえできないのです。

私の知るかぎりでいえば、それは過去のトラウマが原因です。

仕事にかぎらず、恋愛や趣味を通じて、大きな夢を描いてもうまくいかなかったという経験。あるいは、親から「おまえはダメだ」といって育てられたという家庭環境が影響しているケースも少なくありません。とくに後者の場合の自己否定感は根深いものがあります。

親から「おまえならできる！」とほめて伸ばす教育を受けた人の潜在意識は活性化しやすく、親にほめられたことがないなど否定的な教育を受けて育った人の潜在意識には、ブレーキがかかりやすいのです。

いずれにしても、見てはいけない夢などありません。誰にどんなに否定されていようと、いまの自分がどんなにちっぽけな存在だと感じていようと、そんなことにはおかまいなしに、自分が描けるかぎり大きな夢を見てよいのです。むしろ、大きな夢を抱くべきだと思います。

この世に「絶対」はありません。「絶対にできる」もなければ、「絶対にできない」もない。ならば、できるほうに賭けてみるほうがいいと思いませんか？　深いことは考えず、とにかく自分を信じることが願望実現に向けての第一歩なのです。

実際、成功者といわれる人の多くが、貧困家庭からハングリー精神で成り上がっていたり、自分の国の貧困さから生じた悔しさをバネに自らを成長させたりしています。

また小さい頃に勉強についていけなかったり、何をやってもダメだとバカにされていた人が、世界的な大スターになることだっていくらでもあります。

つまり、人はマイナスのエネルギーをプラスに変えることができるのです。何が起こるかわからないのが人生。自由に夢見た者勝ちだといえるのではないでしょうか。

「どだい無理」の後ろに「本質的な願望」が隠れている

こうした話をすると、「でも、明らかにかなわない夢もありますよね？」と突っ込まれることもあります。

たしかに還暦を迎えた私が、いまからオリンピックで金メダルをとりたいという夢を描いても絶対無理でしょう。

仮に同世代の人がアイドル歌手になりたいと夢見ているとしたら、１００パーセント不可能だと思うでしょう。

それでも私は、どんな夢を見ることにも意味があると考えています。そこにはその人にとっての本質的な願望が潜んでいるのです。

オリンピックで金メダルをとりたい、アイドル歌手になりたいと考える自分は、何を求めているのだろう？　なぜ、そういう夢を描くのだろう？　と掘り下げていけば、本質的な願望にたどりつくのです。

「その心」は、唯一無二の存在になりたいのかもしれないし、ヒーローになりたいのかもしれない。あるいは、キラキラと輝きたいのかもしれません。

その本質的な願望をかなえることができるなら、べつにオリンピックの選手でなくても、アイドル歌手でなくてもいいはずです。

たとえば、ボランティア活動でヒーローになることなら実現可能だといった具合に、本質的な夢と信念さえあれば、現実的に心の底にある「本質的な願望」を達成できる可能性は、十分あり得るのです。

柔軟性をもって夢を描けば、その願望を潜在意識は素直に受け止めて働き始めることでしょう。

得るもの
×
失うもの

失うことも「織り込み済み」なら最小限にできる

願望をかなえるためには、その代わりに失うものがあるという覚悟を決めなくてはいけません。「得るものがあれば、失うものがある」というのは宇宙エネルギー界の摂理。「プラスとマイナスの法則」であり、美輪明宏さんの表現を借りれば「正負の法則」です。

ビジネスで成功したけれど家族関係は破綻した、大きな家を建てたとたんに大病を患った……など、宇宙エネルギーの法則は、振り子のように右に振れたぶんだけ、左にも振れるという「バランスの法則」です。

したがって、病気になって家族のありがたさを痛感したなど、「失うものがあれば、得るものがある」ともいえるわけです。

つまり、人生のバランスを考えること=得るものと失うもののバランスを考えることなのですが、得ることだけを考えている人が多いことに驚きます。

失うものがあると認識していたら、得るものの大きさを加減しながら生きることができるのですが、得るものを得たあとで、失うものの大きさに愕然《がくぜん》としてしまうケースが目立つのです。結果、生きる気力を奪われるというのでは目もあてられません。

私はニューヨークで学ぶときに、あらかじめ不在期間中は病院経営にリスクがあるということを覚悟していました。そのうえで、それでもニューヨーク大学で学びたいのか？　と自問自答した結果、「それでも学びたい」と思ったから決断したのです。

けれど失うものがあることに気づいていたので、失うものを最小限にするためにはどうしたらいいのだろうか？　と考えることができました。

経営を安定させるために収益性の高い患者さんを集中的に治療したり、不在中も勤務医を雇って診療する体制にするなど、放っておいたら100失うところ、リスクを最小限にとどめることができたのです。

迷いを断ち切れないときは徹底的に自問自答してみる

先日、学生が「勉強でいっぱいいっぱいで彼女の対応ができないんです。このままだとフラれてしまいそうです」と嘆いていたのですが、そのときにも私は、「彼女の不満に対して、自分ができることはないか？　と考えて補えばいいじゃないか」とアドバイスしました。

要は解釈の問題で、マイナスの解釈をすればマイナスのほうへエネルギーが働き、プラスの解釈をすればプラスのエネルギーが働く。

ところが「プラスとマイナス」の法則を意識せずに、目先の願望だけを追ってしまう。「プラスとマイナス」の法則を意識していたらいたで、大きな岐路に立たされたと怖気《おじけ》づいてしまう人もいます。

たとえば会社を辞めて自分で起業したいという人がいたとしましょう。会社を辞めるか否か。たしかに人生の大きな岐路だといえますが、会社を辞めて起業してもうまくいかなかったらどうしよう、すべてを失うことになるのは困ると考え、一歩も動けないというのは賢明であるとはいえません。

そのように相談してくる相手に対して、「とにかく辞めてみたら」「動いてみないと何も変わらないよ」「ダメだったらそこで考えればいいじゃないか」といって背中を押す人がいます。

でも、自分がどうするのか決めることができない人、その段階で考えられない人が、動いてダメだったときにどうするか考えられるかというと、なかなかそうはいきません。

「とにかく動いてみよう」というのは、人によってはとても乱暴なアドバイスになってしまいます。

たとえば、私が歯科の手術をしているときに、「とにかくやってみよう。ダメだったらそのときに考えよう」とはいきません。

すべてのリスクを想定して、その解決策を検討する。もしそれでもダメな場合には、別の病院に転院させる、というところまで考えないと、手術を始めることはできません。

それは人生のあらゆることに通じます。「すべてを失う要因は何か?」「失うときに備えておくべきことはないのか?」と考えておくことです。リスクマネジメントをしたうえで、覚悟を決めるかどうかということです。

得るものは何か？　失うものは何か？　を明確にしたうえで、自分にとって得るもののほうが大きければＧＯなのですが、言うは易しだということもわかっているつもりです。


そこで、迷いを断ち切れない人には、自分を追い込むための自問自答をおすすめします。


「会社、辞めたいなら辞めちゃえば？」

「いやいや、それはちょっと」

「どうして？」

「ちょっと自信がない」

「自信がないって、どういうこと？」

「人脈が薄いし、資金繰りができるかどうか」

「だったら会社に勤めながら、人脈をつくりつつ、資金を集めるしかないじゃん」
「そうなんだけど……」
「あのさ、自信がないのなら、自信をつけることから始めるしかないでしょ」
「そうか、いまはタイミングではないということだね」

こんなふうに言語化して考えていくことで、自分の本心を知るとともに、現実を見つめることができるでしょう。この自問自答を習慣化することが、人生のバランスを整えることにもつながると私はいい切ることができます。

家庭×仕事

まずは仕事と家庭、それぞれのバランスを考える

人生におけるバランスが、本書の大きなテーマですが、なかでも「仕事」と「家庭」のバランスで悩んでいる人は多いのではないでしょうか。

仕事と家庭のバランスをとりたいという場合、仕事と家庭を分けて、それぞれのバランスを整えることから始めます。

仕事というカテゴリーに絞って自分なりのバランスを整え、家庭というカテゴリーに絞って自分なりのバランスを考えるのです。

自分なりのという点が重要。仕事においてキツいと感じる沸点などには個人差

がありますので、十把一からげにすることはできないのです。

また、年齢によって優先順位が変わるということもあるでしょう。たとえば私はもはや、学生時代のように勉強しろといわれてもできません。

年齢とともに体力が落ち、それにともなって集中力や忍耐力、記憶力も低下しているのを感じます。

その一方で、物事を深く理解するという点では、いまのほうが勝っているように思うのです。

いまの年齢でなければできないことにも個人差がありますので、ここも何歳なら と一概にはいえませんが、がんばりどきには徹夜で書類を作成する、休日も返上して取引先の人に会うなど、無理をしなければいけないこともあります。

仕事をしている以上、そういうことがあるのはある程度容認しなければいけません。

大切なのは時間ではなく、全力で向き合えるか

仕方がないことを認識したうえで、家庭とのバランスを考えるのです。この手間を省くと、休日を仕事に充てるべきか、家族サービスに充てるべきかという迷いが生じてしまいます。

そればかりか無理をして家族と出かけたのに、仕事のことが気になって楽しめなかったなど、バランスを整えることができないままズルズルと過ごすことになってしまうでしょう。

悩ましい問題ではあるのですが、私は時間と量について考えることで、自分なりのバランスを整えることに成功しました。

現在、私は月曜から金曜まで帯広で歯科医の仕事をして、金曜の夜の便で東京へ行き、講演や書籍の打ち合わせや、セミナー、執筆活動などを行う二重生活をしています。

時間は有限ですので、自己啓発に関わる活動をしたいと考え始めた頃は、体がふたつあったらなぁなどと夢想していました。

けれど、どうしてもふたつの仕事を両立したいと考えていたところ、家族の本質について考えてみようと閃いたのです。

その結果、大切なのはべったり一緒に暮らすことではなく、全力で家族のことを考えることなのではないかと思い至ったのです。

人生は長さより、どう生きたかが大切。家族と過ごすことも同様に、時間が短縮されてもエネルギーが凝縮されていればよいのではないか？　むしろ充実度が高いのではないかという発想です。

周囲の人たちから「よく奥さんが納得してくれましたね」などといわれるのですが、強引に話を進めたわけではありません。

私の場合は、講演内容について意見を求めたり、書籍に関する近況報告をするなど、家族を自分の夢に巻き込むことで応援してもらえるよう心がけてきました。

「週末は東京での仕事に集中する」というミッションをつくり、そのためにどうしたらいいだろう？　と思案していたら、発想が降りてきた。

その発想に素直に従ったら環境が整った。つまり潜在意識を活用したわけですが、もっとも効果的だったのは、「自己啓発を通して社会貢献したい」という夢を家族に公言していたことです。言葉というエネルギーが及ぼす力は絶大なのです。

覚悟×自由

自由とは、自分がすることに責任をとること

誰もが自由に生きたいと考えています。でも自由とはいったい何でしょうか。ただ自分が思ったとおりに行動するのは自由ではありません。

自由とは責任がともない、自由であることには覚悟がいるのです。

私はインプラント治療を始めた当初、自分の技術に自信がもてませんでした。そこで上手な先生に来ていただいたり、友達にサポートしてもらったりしていたのです。

とはいえ私の医院である以上、何かトラブルが起きたときには自分で責任をとらなければいけないわけです。

他人がしたことの責任を負うというのはモヤモヤするものです。比べて自分がしたことの責任を負うのであれば納得がいく。そう考えたことが、本格的な自立の始まりだった気がします。

大きな孤独感を覚えましたが、孤独から逃れたいと考えたのではなく、孤独を受け入れることにしたのです。

そのようにして、自由になったことを実感しました。誰かに頼っていたときに抱いていた「この人がいなくなったらどうしよう」という不安が消え、飛躍的に心が軽くなったのを覚えています。

それにともない、知識や技術を学ぶ吸収力が高まり、患者さんとも肩の力を抜いて接することができるようになりました。

こうして患者さんの身体的な健康状態や、仕事、家庭環境、経済状態や価値観などを把握したうえで信頼関係を築き、私はその方に適した治療をするという方針を確立します。

患者さんの笑顔に触れるたびに、医院をつくったときに打ち立てた「治療を通して社会貢献したい」というミッションに近づきつつあることを実感していたのです。

自分の足で人生を歩む覚悟を決める

潜在意識や願望実現について学び始めて、自立して生きていこうと覚悟を決めたとたんに願望がかなったというケースが多いことを知りました。それは自立すること＝自分軸をもつことだからです。

自分軸を貫けば孤独を感じることもありますが、自立して生きていくことは、孤独を覚悟することなのです。

それに孤独が不幸せだというのは思い込み。孤独だから人はひとりで考え、道を開拓していくことができるのではないでしょうか。

期待は自分勝手に描いた妄想にすぎません。ジェームズ・アレンは『「原因」と「結果」の法則』（小社刊）という著書のなかで「弱さとはそもそも身勝手な欲望から発しているものである」と述べています。

そして「私たちは、自分の心を高めることによってのみ上昇し、克服し、達成します」と伝えています。

まずは身勝手な欲望である妄想を断ち切り、物事を現実的にとらえる。このことによって世界が一変するのです。

はっきりいって、人は頼りにならないのです。誰だって自分のことで精いっぱいなのですから、当然のことだと思います。

それなのに他人に依存したあげく、「親なのに何もしてくれない」「友達なのに力になってくれない」などといって落胆している人が少なくありません。

期待するから落胆するのです。期待していなかった場合には、よけいな感情を抱くことなく、目の前のことに集中できます。もしも手伝ってもらえたら、「ありがとう!」という感謝の気持ちが湧いてくるはず。


怒りと感謝では大違いです。自分の抱く感情は、言動に現れ、人づきあいに影響を及ぼし、運命につながっていきます。

人生はほんの些細《ささい》な出来事に端を発して暗転もすれば好転もする。自分の感情をいかに管理していくかが人生を拓《ひら》く鍵だといえるでしょう。

したがって、何があっても自分軸で生きようと覚悟を決めることです。

直感×経験

論理的に考えたあとは、「直感」に従うこと

人生は選択の連続です。大きな決断をする場合はもちろんですが、日常のなかのあらゆる場面で、いま電話をするか明日にするか、バスで行くか電車で行くかといった具合に、何かと迷う場面に遭遇します。

大した選択ではないと考えてしまいがちな、ほとんど無意識のうちにチョイスしているようなことも、大きな人生の選択につながることも多々あります。

あのときに電話をしていなかったら、成功につながるタイミングを逃すところだったとか、もしも電車を選んでいたら脱線事故に巻き込まれて命を落としかねないところだったなど、あとになって自分の直感が正しかったと胸をなでおろす

ようなことがあるのではないでしょうか。

私は物事を理論的にとらえ、自分の環境や世の中の動きをふまえたうえで熟考して前進するのが信条です。でも何事も最後は「直感」で決めています。

けっきょく最後は「勘」なのかと思う人がいるかもしれませんが、「直感」と「勘」は違うというのが私の見解です。

「直感」が人生の経験値から生じるものであるのに対し、「勘」とは、根拠のないあてずっぽうな感覚だと分別しているのです。

たとえばAというコーヒーショップとBというコーヒーショップが並んでいて「Aだ」と決めるときに、いちいち「AとBの違いは何か?」などと考えているわけではありません。

でもあらためて「なぜAにしたのだろう?」と考えたときに、その理由を挙げることができれば、それは直感で選んでいるといえるのです。

Aのほうがきれいな外観だったからという理由だったとして、その人はきれいな店のほうが当たりが多いということを経験的に学んでいた。正しくは、その人の潜在意識が新しい店のほうがいいという情報をもっていたのです。

経験値の高い人のほうが直感にすぐれている理由

日常生活のあらゆる場面で、潜在意識はその人が経験した出来事をフィルターにかけ、「これはいいこと」「これは悪いこと」と分別して記憶しています。

私たちが無意識のうちに備える情報は膨大だといえるのですが、ここで大切なのは、経験値が高ければ高いほど直感にすぐれていくということです。

ですから私は「起業したいと思うのですが」と相談を受けた場合、人生における経験値の高い人に対しては、自分の直感に従うことを勧めます。
一方、経験値の低い人に対しては「もう少し経験を積んでからにしてはどうですか?」とアドバイスするのです。

経験値の高さは年齢とは比例しません。極端な話、50代であっても働いた経験のない人が起業するのは無謀だといえるでしょう。
逆に若くても、社会のなかでもまれてきた経験のある人なら成功する可能性が高いといえるのです。

したがって、若いときほど努めていろんな経験をするほうがよいのです。仕事やビジネスではよく「強みを活《い》かせ」ということがいわれますが、それはある程度経験を積んだ人にはあてはまっても、たとえば20代の人にはいう必要がない言葉です。

若いときはとにかくいろんなことに好奇心をもって挑戦していくことが大切で、その頃に自分の強みだけをやろうなどと考えると、人生の幅を狭めてしまいます。最初はとにかく風呂敷を広げていろいろな経験を積むことで、本当に自分にとって大切なものが見えてきます。それを徐々に自分の強みに変えていけばよいのです。

また、生きていくうえで逆境や苦難に出合うことも、人生の幅を広げることにつながってきます。

年齢に関係なく、何不自由なく育ってきた人の経験値に比べ、お金のことで苦労して育ってきた人の経験値は高い。

人間関係のトラブルに遭遇したことのない人に比べ、人間関係のむずかしさを知っている人の経験値は高い。

経済的に恵まれなかった幼少期も、失恋も、病気も、離婚も、愛する人との死別も、その人の経験値を高めることに直結しています。

逆もしかりで、貧しいなかでも助け合って生きていくことが大切だと痛感したことや、人間関係の修復に成功して安堵《あんど》したこと、恋愛が成就したときの喜び、病気を克服したときに芽生えた希望……。

あらゆる場面で喜怒哀楽を通して培った経験のすべてが、潜在意識のなかで有機的に統合されていきながら、そのときに必要な形となって現れてくる。

いくら頭で考えたところで、人の心は優柔不断なもの。大きな決断を迫られれば迫られるほどフリーズしてしまうことでしょう。

でも、たとえば起業したいと思ったとき、その人のなかにある無意識レベルの情報を転写して、いまなのか、いまではないのかを感覚的に判断することができるのです。

この閃きこそが直感です。いまがタイミングだと直感したとして、連動的に、どんな人と組めばうまくいく可能性が高まるのか、何から始めればいいのか、問題があるとしたらどんな解決法があるのかといったアイデアが降りてくる。

直感を磨くことは、かくも大切なことなのです。そのためには経験を重ねるしかありません。

社会のなかで、いいことも悪いことも経験しながら物事の道理を覚え、たくさんの人に触れながら、さまざまな価値観が存在することを知ることが不可欠。つまり、行動することからすべてが始まるということです。

失敗を怖れず経験を積み、自分の直感を信じて生きることを「自立」というのではないでしょうか。

自己信頼×自己責任

うまくいかないのは「本当の願望」ではないから

綱渡りはバランス勝負ですが、こちらからあちらへと渡り切るためには「絶対に大丈夫だ！」という信頼感が必要です。

それでも強風が吹いたりしてバランスを崩せば転落してしまうこともありますが、少なくとも「落ちる、落ちる」と思っているよりは、渡りきれる可能性が高い。「落ちる、落ちる」と思っていたら、ほぼ１００パーセント落ちてしまうと思います。

人生も同じように、自分は大丈夫だと信じることのできる人の勝ち。その人の思考がポジティブであろうとネガティブであろうと、潜在意識には判別できません。潜在意識はたんにその人の思考を受けて働き始めます。

願望を抱いて「いける！」と信じる人の思考を受ければかなう結果を、「無理かも」と自信のない人の思考を受ければ困難な流れを、「無理に決まっている」という人の思考を受ければ、やっぱりねと落胆する未来を引き寄せてしまいます。

大企業を一代で築き上げたり、社会的に大きな成果をあげる人の多くは、まだ結果を出す前から「根拠のない自信」を抱いていることが多いものです。

もちろん、人一倍の努力が必要であることは当然ですが、それ以上に「自己信頼」の効果が大きいのです。

一方、引き寄せに失敗する人の多くが、願望を抱きつつ、「でも、こんなの自分には無理でしょ」と思うところから始まっているので、願望をかなえるために自分がやるべき行動をしない。行動しなければという発想にさえ至らないというケースもあります。

あるいは、行動しなければいけないと気づいて行動したものの、壁にぶつかって頓挫してしまう人もめずらしくありません。

自己信頼をもてるかどうかはもちろん、その願望が本当に自分が望んでいるものなのかどうかにもよります。

自分の本当の願望でない場合には、願望そのものをあっさり忘れてしまったり、途中できっぱりあきらめてしまっても後悔することもありません。

でも、それが心から望むものである場合にはあきらめきれないはず。実は、あきらめられるかどうかは、自分の本当の願望かどうかを見極めるバロメーターなのです。

超一流のアスリートが小学校のときの作文に「将来必ずすごい選手になる」と記しているということは多々ありますが、一方で小学校の卒業文集に「絶対にプロ野球選手になる！」と書いていた人が、大人になって再会したら親の事業を継いでいた、なんて話はザラにあります。

むしろそういう人のほうが多いのでしょうが、それは多くの人の子ども時代の夢が、自分の本当の夢ではなかったからなのです。

一方、幼い頃に大病を患い、医者に命を救われた経験から医師をめざしたという場合には、夢に対する信念の強さが変わってきます。

強烈な動機がもたらす確固としたモチベーションと自分がこれまで歩んできた人生に裏づけられた使命感が、揺るぎない「自己信頼」をつくりあげるのです。

すべてを「自己責任」ととらえたときに扉が開く

しかし、自己信頼だけでは自らの力を過信して傲慢になってしまいがちです。

もうひとつ大切なのは、目の前の状況がいかなるものであろうと、それも含めて自分がつくり出した現実、「自己責任」だと思えるかどうかです。

たとえば実際には学力が及ばず、医学部の試験に合格しなかったとなったときに、「いや今度こそいける！」と思えずに、「今度もダメかもしれない」と意気消沈してしまう。

そんな場合には、意識を書き換える必要があります。ダメかもしれないという思考に上書きするのではなく、ネガティブな価値観をまず消去して、新たにポジティブな価値観をインストールするのです。

上書きした程度では、感情が揺れたときに「家庭環境が悪いから勉強に集中できない」とか、「予備校の先生の教え方が悪いからだ」などと言い訳探しに走ってしまいがち。こうなると潜在意識は働く気力を著しく失ってしまいます。

潜在意識は自己責任のなさを受け取ると、願望を「本気の夢」というフォルダーから「それほどでもない夢」のフォルダーへと移動させてしまうのです。

たとえひとつの夢がかなったとしても、これで人生は安泰だなどということはあり得ません。

私にしても、どうしてこうもトラブル続きなのだろうと嘆きたくなるようなときもありますが、自分に起こることはすべて自己責任だと認めることで冷静さを取り戻すことができるのです。

自分で引き寄せたトラブルなのだから、1ミリも他者のせいにしてはいけない、自分がすべきことを誰かに委ねてはいけないと、いまも私は日々のなかで自分にいい聞かせています。

とはいえ、現実的には時間に限りがあります。そこで思案した結果、たどりついたのが「餅は餅屋」というもの。たとえば書籍をつくるときに、内容に関しては自己責任ですが、編集やデザイン、装丁に関しては、その道のプロの意見を尊重します。深く学び、経験を積んできたスペシャリストの力を借りない手はありません。

自己責任をもちつつ、人を信じる力を備える。これができるようになれば鬼に金棒といえるでしょう。

無力さ×思慮深さ

人間は無力だからこそ、考えながら進んでいく

　哲学者であり、物理学者でもあるパスカルの有名な言葉に「人間は考える葦《あし》である」というものがあります。「人間は自然界のなかでは弱い葦のような存在だけれど、考えることができる」と説いたパスカルが教えてくれるのは、考えることの尊さですが、同時に私は弱さを認めることの大切さについて考えさせられます。

　考えることの根底にあるのは、無力だという認識。無力であることを認めることからすべてが始まるとするならば、失敗こそが問題を解決し、人生のバランスをとるためのチャンスだといえるのではないでしょうか。

　弱みのなかにこそ強みがあると考えると、人生は捨てたものではないと思えて

くるのです。

すなわち、無力さから思慮深さが生まれてくるのです。考えるということは、力そのものだといってもいい。

無力だけれど力をつけたいと思うのか、無力だからあきらめるのか。ここが人生の分かれ道です。当然、潜在意識は前者のためだけに好転につながるヒントやパワーを与えてくれます。

願望を描いてやみくもにパワーがほしいと力むのではなく、日々のなかで起こることを必然的にとらえて人生の価値に変えていくことが大切なのであり、けっきょくのところ、私たちにはそれしかできないのです。

人生の価値に変えていくための方法がわからなくても、考えようと思ったときから潜在意識は働き始め、記憶の貯蔵庫のなかから必要な情報を抽出して知らせてくれます。

この場合の記憶というのは、その人の過去の記憶だけでなく、宇宙が創造されて以来、受け継がれてきた人類に共通する記憶のこと。ジョセフ・マーフィーが「すべての人に無限のエネルギー、無限の可能性が与えられている」とくり返し説いている所以《ゆえん》です。

人生のパズルのどのピースをはめるかを考える

人生の後半を価値あるものにしたいのであれば、思慮深さを身につけることです。つねにまわりの状況を冷静に判断し、いくつかの選択肢をイメージできたら、そこから最善のものを選び出すのです。そのためには、自分の理想とする人生を明確にしたうえで、優先順位を考えることが欠かせません。人生という限られた時間のなかの、どこで何をするか？

このことを考えていなければ、できるはずのことができなくなってしまうのです。

たとえば私は頭のなかでジグソーパズルをイメージして、何を優先するべきかを考えています。ここまで埋まったならこのゾーンは仕上げてしまおうとか、次はこのあたりを作り始めるかといった具合に。

人生をトータルしたパズルはもちろんのこと、仕事、家庭、人間関係、お金、健康といったカテゴリー別のパズルもあるし、さらに仕事なら、医師としての仕事と自己啓発を通じて行う仕事のそれぞれのパズルもあります。

それらを必要に応じて頭のなかで描くと、いますべきことが明確になるのです。

いつもピタリとはまるわけではありませんが、それは流れだと受け止めます。こっちを先にしておけばよかったなどと考えたところで埒《らち》が明かないので、後悔は省き、そうであるなら次はここだなと、つねに意識を未来に向けているのです。

紙に書くのでもいいし、パソコンの機能を利用してグラフにしてもいいですが、いずれにせよ時代をみて、社会をみて、これからの状況を予測しながら俯瞰して自分を眺める。そのうえで身の振り方を考えることが大切なのです。

ポイントは思い描く未来にばかりフォーカスしないこと。将来的にこの部分を埋め尽くしたいと思うなら、いま、どこにピースをはめておくかということが重要なのです。人生はいまをどう生きるかの積み重ねであることを忘れたら、机上の空論で終わってしまいます。

過去にどんなに偉業を成しとげていても過去は過去。現状がどうであろうと未来が約束されているわけではありません。

過去の成功体験は自信につながり、失敗体験はトラウマになるというのは確かなことです。けれど自信が過信になってしまうと墓穴を掘ることになりかねない。失敗したとしても、そこから立ち上がり、苦い経験をバネに奮起すれば巻き返せるだけでなく、驚くほど飛躍することも十分に考えられます。
ラッキーはアンラッキーの種であり、アンラッキーはラッキーの種であるという意味では、成功も失敗もない。そう考えることで私はすごく楽になりました。

こうした話から、あなたが何を感じ、どれくらい理解してくれるのかわかりません。私自身のことを振り返ってみても、ひとつずつステージを高めてきたという経緯があります。
最初は本質的なことがわからず、アファメーションなど潜在意識を活用するための技術にこだわっていた時期もありました。でも潜在意識を深く探究した結果、考えることでしか現状は変わらない、苦難は越えられないのだという結論を得ました。

潜在意識のパワーを最大限に引き出すには、まずは顕在意識、つまり自分の頭でとことん考え尽くさなければなりません。

歴史に残る大発見も、寝ても覚めても考え続けた結果、あるときふと力を抜いた瞬間にアイデアが湧いてきた。あるいは、ニュートンのリンゴのように、日常の何気ない風景や現象と結びついたときに、閃きがやってくるという逸話がたくさん残されています。

それはいずれも考え抜いたからこそ潜在意識が発動したので、何もせずに瞑想《めいそう》をしていてアイデアが降りてきたわけではないのです。

かなえること
×
手ばなすこと

際限のない願望だけに翻弄されないための知恵

セミナーなどで「夢と欲の違い」について尋ねられることがあるのですが、夢と欲は同じだと私は思います。「夢を抱くのはいいけれど、欲を抱いてはいけない」なんてことはない。野心も向上心も欲なのですから。

どんな願望を描くのも自由なのです。

ただし、その願望がかなったら人生が満たされるといえるのか？　と自分に問うてみる必要があると思います。

たとえば「結婚したい」という女性の夢が実現したとしましょう。すると今度は配偶者に出世してもらいたい、いい家に住みたい、子どもがほしい、子どもを有名私立校に入れたい……と、次々に願望が生まれ、つねに願望を追いかけて生きることになります。

ひとつ夢がかなうと、次々にかなえたい願望が生まれてくるものです。つまり際限がない。それが本当に望む人生といえるでしょうか？

何事もトントン拍子に夢がかなうほど、人生は甘くはありません。夫の会社が倒産するかもしれないし、家族が病気になるかもしれない、夢を託して育てた子どもが横道に逸れてしまうことだってあるかもしれない。

人生のバランスを整えるためには、幸せばかりにフォーカスするのではなく、苦難を乗り越えていくための術《すべ》についても考えておかなければいけないのです。

すると結婚相手は、どんな試練のときも支え合うことのできる人が望ましいことがわかってくるでしょう。この人となら苦労も厭わないという覚悟ができるかどうかが問われます。

この場合、備えるべきは「無償の愛」です。「結婚したい」という人が「無償の愛の人になりたい」というミッションを立てれば、価値ある人生にふさわしいパートナーに出会える可能性はかなり高まるでしょう。

まだ来ない未来に対して、「こうありたい」と望むのはよいのですが、「こうでなければ」と決めつけてしまうと、願望はかないづらくなってしまいます。

計画どおりにいかなかったらどうしようという不安や恐怖が生じて、その思いが現実を引き寄せてしまいかねないのです。潜在意識の活用において、執着してはいけないといわれるのはそのためです。

こうありたいと願うことで心がワクワクする一方で、こうでなければと固執してハラハラするというのは、潜在意識のブレーキとアクセルを同時に踏んでいる状態だと説明すれば、ご理解いただけるでしょうか。

執着を手ばなしても
願望はあきらめない

願望をかなえるためにはこだわることが必要ですが、執着を手ばなすこともまた必要です。願望に執着してしまうと、視野が狭くなってしまうからです。

執着を手ばなせば、映画のなかの登場人物をお客さんの立場で眺めるような感覚で自分の現状を把握できるので、客観的なとらえ方をすることができるのです。

要するに心のゆとりが必要で、心に余裕ができれば待つことができます。宇宙の「作用・反作用の法則」により、強引に進めようとすればするほど裏目に出るということを踏まえ、執着は手ばなすのが得策なのです。


執着を手ばなすのがむずかしいのだという声が聞こえてきそうですが、感情を感情でコントロールしようというのは、むずかしいかもしれません。

でも、体を動かす、読書に没頭するなど夢中になれることでなら可能なのではないでしょうか。それを続けているうちに、自然と執着は薄れていくと思います。

執着を手ばなすことは、あきらめることではありません。本気でかなえたいことはあきらめずに信じてかなえればいいのです。

それに執着のすべてが悪いのではなく、自分の願望をかなえるために、いまできることを集中的にやるというのは「いい執着」です。

やるべきことをするというのは、真剣に考えた価値ある行動をやり尽くすということだと私は思います。

発酵食品は時間をおかなければうまみが出ません。私たちが客観的に現状を眺めてタイミングを待つのも、願望をかなえるための価値ある行動の一環。本気ならできるはずです。

変化×感覚

自分の感覚をバロメーターに少しずつ変化する

現在、私は自分なりに充実した毎日を送っていますが、それがなぜかといえば、こうなりたいとビジョンを描いていた未来の自分になりつつあると感じているからです。

その秘訣は？　と尋ねられたら、「好奇心のおもむくままに行動していたから」と答えるでしょう。

好奇心をもってどんどん動き続けていれば、理想がふくらむし、願望を実現している自分が思い描きやすくなります。ところが多くの人が好奇心を封じてしまう。もったいないことだと思うのですが、それには理由があるのです。

実は、潜在意識は変化を好みません。というか潜在意識は安定志向なのです。初めて挑戦することに対して勇気が必要なのは、潜在意識が引きとめるから。たとえば顕在意識では転職したいと思っていたとしても、潜在意識は「いまのままで暮らしていけるのだからいいじゃないか」とささやきます。

だから、変化しようとすればするほど「違和感」を感じるようになるのです。違和感とは、潜在意識の抵抗ともいえるのです。


かたくなな潜在意識をどうやって願望実現に向かって働かせるかが問題になってくるわけですが、それには、「違和感」をバロメーターとして、少しずつ変化させていけばよいのです。

「違和感」を感じない程度に、少しずつ変化させていくわけです。

いきなり金髪にすることには抵抗があっても、いままでよりワントーン明るくしてみる程度なら変身したとはいえませんよね。

そんな感じでジワジワと変化していき、潜在意識を少しずつだましていくというイメージを描いてください。

具体的にいえば、いきなり転職先の採用試験を受けに行くのではなく、資料を集めて吟味するとか、その会社で働いている人の話を聞いてみるところから始めてみる。専門知識が必要なら、とにかく本を読み始め、目的が定まったらセミナーを受け、とりあえず資格を取得しておく。

こうした準備もしないで「転職したい」という願望を抱いても、潜在意識は相手にしてくれないということです。

何もしないで夢見ている時間が長いと、潜在意識が「このままがいいと思っているのだな」と勝手に解釈してしまうことも考えられます。

場違いだった「一流の場」に体を慣らしていく

私は自己啓発の勉強をするようになってから、いつか自己啓発を通して成功哲学を説く立場の人間になりたいと思うようになりました。

しっかりとミッションを立てて、たくさんのセミナーに参加し、セミナーを通じて多くの人と出会うなかで、最初は場違いな感覚を覚えていた自分が、徐々に自分がここにいるのはふつうだという感覚へと変わっていったのを覚えています。

東京では戸惑うことも多かったのですが、いつも違う店で食事をしたり、行ったことのない街へ行って、気になる店があれば入ったりしながら、なじんでいきました。

そして小さな初めての体験を積み重ねて、東京がスペシャルな場所ではなくなったとき、ミッションに近づいていると確信したのです。

その後、自分には少し贅沢《ぜいたく》かなと思いつつ、思い切って都内の一流ホテルを定宿にすることにしたのです。最初の頃のままビジネスホテルを使っていたら、いまの自分はなかったと思います。

一流のホテルで、特別なサービスを受け、そこに滞在する人たちに触れたことで、現実の自分がどうであろうと一流人の仲間入りをしているような気分を味わうことができたというのが大きかった。

その頃になると、「こうなりたい」という思考が「こうなるんだ」という思考に変わっていました。

たとえば一流の時計を身につけるといったことでもいいと思います。それが無理なら、一流の店でウィンドーショッピングをするだけでもいい。

とにかく刺激を受けて、いつかこの時計を買える自分になりたいと思っても、潜在意識は、それくらいの小さな変化ならと好きにさせておいてくれるでしょう。

私の場合は、そうこうしているうちに、こんな人に会いたいと思っていたら、紹介してくれる人が現れたというシンクロが起こり始めました。

会いたいと思っていた人に勧められた美術展や音楽会、本を通じて感性が磨かれたり、知識が増えたり、閃きを得たり……。

シンクロはどんどん起こり、初めて会った出版社の人と、会いたかった人に勧められて行った美術展の話で盛り上がって意気投合し、本を出版する運びになったこともありました。

以前、欠員が出たということで後輩から誘われ、急遽《きゅうきょ》いちご狩りのバスツアーに参加することになったのです。少し前なら即座に断っていたでしょう。けれどときには仕事から離れたいと思っていた矢先のことでした。

いちご狩りをして、バイキングを食べて、寺院の見学をして、最後はイルミネーションを見るというコースでしたが、びっくりするほど楽しかったのです。

仕事ばかりしてきたけれど、もっと人生を楽しもうと決めた瞬間に、潜在意識は人生のバランスをとる方向へ舵《かじ》を切り始めたという気がしています。

視野を広げる×視点をしぼる

自分が知らない世界を経験して視野を広げていく

歯科医として世界レベルの技術を身につけようとニューヨーク大学で学んでいたとき、私は新しい知識と技術を身につけることにしか目が向いていなかったのですが、ふとまわりを見回してみると、人生を楽しむことに長《た》けた人たちがたくさんいました。

日本とは文化も習慣も違うのでしょうが、彼らは休みの日には家族でどこかに旅行したり、高級なレストランで食事をしたりして、積極的にいろんな文化に触れる生活をしている。

そういう人たちとの交流を重ねていくと、概して日本人というのは異文化に触れるということに対して認識が弱いことを実感します。

私自身、彼らと会話をしているうちに「本当に何も知らないね」という話になる。誰もが知っているような観光地でもレストランでも、行ったことがないというとびっくりされる。

こちらは歯科医の技術を高めることしか考えていないので、そんなことに興味もないし、時間を使っていられないという思いしかありませんでした。

しかし、ふとしたときに、これだけ仕事の成功を求め、成功哲学や自己啓発にお金をつぎ込んできたのに、自分の世界を広げることはしてこなかったということに気づき、これは違うなという思いに行き当たった。

それで、学会などで海外を訪れたときにはなるべく高級なホテルに泊まり、人からこのレストランがおいしいと聞けば、必ず連れていってもらうことにしたのです。

先日も上海ガニのおいしい店に連れていってくれた知人がいました。私が食べたことがないというので、麻布にある高級な店に予約を入れてくださったのです。私はいつも最初に食べるときには極力、いちばんいいフルコースを味わってみるのです。

何も、高級な食事ばかりがしたいわけではありませんが、知っているのと知らないのでは、まったく違う。

「上海ガニなんて、食べるのが面倒くさいし、そんなにおいしいものじゃないよ」

という人がいても、もっとも高級なものを食べた経験があれば、それに対して自分の感想や考えを述べることができる。どんなものであっても、高級なものにはそれなりのよさがあるものです。

そのように視野を広げて意識が高まると、本物が見えてきます。たとえば宝石でも近くの宝石店でバーゲンで買ったものと、カルティエ、グラフ、ハリー・ウィンストンといった世界的ブランドの宝石はやはり、その輝きもたたずまいもまったく違うものです。

それを手に入れるかどうかは別にして、その存在に触れて世界を広げることが自分の「閾値《いきち》」を広げることにつながります。人生の視野が広がるわけです。

ミッションとビジョンを明確にすれば好奇心に振り回されなくなる

ただ、どんなことにでも好奇心をもちすぎるのも問題です。人生の時間には限りがあります。残りの人生を価値あるものにするためには、自分の人生にとって何が大切か、大切でないのか、きびしく見極める。つまり、視点をしぼる必要があるのです。

潜在意識は、何かを意識しないとまわりの意識にどんどん引っ張られていってしまう。だから明確な目的があってこそ潜在意識は活かすことができる。これは、ある著名な海外の学者が本のなかで述べていることです。

たとえば、若い人と話すときなどにはよくこんな例を挙げて説明します。理想の〝彼女像〟を明確にしておくと、町を歩いていても理想の彼女に近い人はすぐに目に入ってきて、「素敵だな」と思う。理想がなかったら、すれちがっても高《たか》嶺《ね》の花だといって目にもとまらないかもしれない。

つまり、ここでもミッションとビジョンが大切なのです。ミッションとは、何のためにそれをするかという目的、ビジョンとはその目的を達成した理想の姿です。これが明確に描けていれば、好奇心に振り回されなくてすむのです。すなわち、人生の視点をしぼることができるのです。

私の略歴書

逆境が人生を強くする

心の痛みが強くしたたかな生き方を育む

これまで私は、自分の過去に触れることをほとんどしてきませんでした。

一貫して人生を好転したいと考える読者の立場に立って実用的な本をつくりたいという想《おも》いをもち続けてきましたが、その一方で、私自身の実体験を通してそのことを語るのをよしとしてきませんでした。

ある意味での気恥ずかしさもありましたが、自己啓発の本として語る内容にどのように結びついているかが、自分ではなかなかわからないというのもひとつの理由でした。

しかし、本書で人生におけるさまざまな要素を「かけ算」として語っていくにあたり、自分自身がこれまで歩んできた道が少しでもヒントになるのではないかと思いました。

自分自身が歩んできた道を俯瞰してみると、それなりに苦労もして、そのたびに気づくことがあり、成長もしてきました。潜在意識が人生にどのように作用するかということも多々学び、それらを活用して生きてきました。

それらのプロセスを、あらためてまとめてお伝えできればと思います。略歴書というたいながら少々長いプロフィールになりますが、おつきあいください。

私は帯広で広く事業を営む両親のもとに次男として生まれ、比較的裕福な家庭に育ちました。

自分でいうのもおかしな話ですが、小学校時代から比較的成績はよいほうで、周囲の人たちからほめられることはあっても、否定された記憶はありません。

だからといって人に対して傲慢にふるまうタイプではなかったように思うのですが、怖いもの知らずだったのは確かなことです。心のなかで「自分は誰にも負けない」という確固たる自信をもっていたと言い換えてもいいでしょう。

そんな私の初めての挫折は、高校受験でした。

余裕で入れると高を括《くく》っていた地元の進学校への受験に失敗してしまい、負けることの悔しさ、苦しさ、情けなさ、悲しみといった負の感情を覚えます。

それでいて負けを認めることができず、滑り止めで受けていた高校へ入学したものの、不登校になりました。

父の説得によって3カ月後に登校するようになってからも、授業は聞かない、途中で帰宅してしまうなど、態度はすこぶる悪かった。

要はふてくされていたわけですが、現実を受け入れることができずに自分の心をごまかしていたのを覚えています。

塾には熱心に通っていたので、学校での成績はよかったように思います。学校なんてという気持ちは募っていく一方だったわけですが、それよりも深刻だったのは、心の改善をする機会を逃していたことでした。

ところがそんなある日、テストの成績で上位を競う女の子の存在に気づきます。なんとか彼女に勝ちたいという気持ちから動向を観察していると、必ず予習してきて、授業も熱心に先生の話を聞いています。休み時間には授業の復習をしている様子で、コツコツ勉強に打ち込んでいることが見て取れました。

私は直感的に、前向きにコツコツと努力を重ねる彼女に、後ろ向きな自分が勝てるわけがないと感じました。

これが転機となり、受験においても、就職においても、そして人生においても、コツコツと努力を続ける人にはかなわないのだと、小さな悟りを開くに至ったのです。

かくなるうえはふてくされている場合ではない。世の中をなめていてはいけない。自分の負けを潔く認め、二度と同じ轍《てつ》は踏まないと心に決めて邁進《まいしん》しなければば、自分の人生を軌道修正することはできないと心を入れ替えることができました。

いまにして思えば、高校受験に失敗するという試練が教えてくれたことは計り知れないほど大きかったのです。

夢をかなえるも、不測の事態で人生の急展開

やがて私は歯科医になることをめざし、東京歯科大学大学院で歯学博士号を取得。全米最大の歯科医療・研究施設であるニューヨーク大学のＣＤＥインプラントプログラムを日本人で初めて卒業しました。

その後もペンシルベニア大学、イエテボリ大学、ハーバード大学など国内外研修で学び、故郷である帯広で「いのうえ歯科医院」を開業したのは31歳のときで

す。

開業にあたり多額の借金をしましたが、幸いにして当初から経営は順調で、軌道に乗るまでに時間はかかりませんでした。

ところが安堵した矢先、父の会社が倒産するという不測の事態に遭遇します。

当時、大手企業がＭ＆Ａ（企業の合併・買収）に乗り出し、父の会社も商社の傘下に収まるという流れが生まれましたが、父は自己資本だけでやるとかたくなだったため、その結果として大手の企業から流通を止められてしまったというのが倒産に至る要因でした。

兄が興していた関連会社も立ち行かなくなるという状況のなか、私は大きな選択を迫られました。

私の仕事が順調だったことから、銀行が「井上先生が土地を買い取るのであれば融資します」と提案してきたのです。

歯科医院を建てている土地は父の所有していたもので、もらえるものと思っていたら買い取らなくてはいけないと。そのうえ、父や兄の会社までも、となると借金は億単位にのぼりました。

できるだろうか？　という不安。それからもうひとつ、家族のためとはいえ共倒れになるかもしれないというリスクを背負ってまで自分がやらなくてはいけないのか？　という気持ちもありました。

でも現実的な問題として父や兄を見捨てることなどできるはずもなく、つまり私は借金を背負う運命だったのです。

やるしかないと思ったときに考えたのは、高校受験に失敗したときと同様に、起きてしまったことはしょうがない、問題はここから先をどう生きるかだということでした。

そのうえで、育ててくれた親のためにできるのは自分が活躍することしかないと奮起し、借金を返すという負荷をがんばる原動力に変えようと決意したのです。

この気持ちを忘れたくないと、いまも医院長室の机の中に父の会社の倒産が報じられた地元の新聞記事を保管しています。

それにしてもどうすればいいのだろう？　と思いました。

なにしろ、それまでと同じように働いていたのでは借金を返すことができないのです。

人が1万円稼ぐ時間で100万円稼ぐには？　……と考えた末にたどりついたのが、勉強することでした。

父の会社が倒産した事情から、ビジネスは時代の変化をとらえ、世界に共通するような本質を学ぶことが必要だという教訓を得ていた私が選んだのは、ダイヤモンド社が主催するセミナー「ドラッカー塾」に参加することだったのです。

金曜日の夜の最終便に乗って東京へ向かい、安いホテルに泊まって、土曜、日曜に開催されるセミナーを受ける。

日曜のセミナーを最後まで受けると帯広行きの最終便には間に合わないので、新千歳行きの便に乗って、千歳から月曜日の朝の4時頃に帯広に到着する寝台列車に乗り換え、9時から歯科医の仕事をするという生活が始まりました。

医療の知識や技術のほかに経営哲学も学び、しっかりとした計画性をもって病院を運営していくことで、借金を返すことができるという思いがあったからです。

実際に多角的に運営を見直すことができ、順調に利益を伸ばすことができたのですが、30代半ばに体験した大きな出来事によって、運命はさらに私を追い詰めます。

突然襲った交通事故が私の人生をがらりと変えた

1995年1月3日、青年会議所入会前日、このところ家族と過ごす時間をつくれていないなと感じていた私の提案で、旭川へとドライブに出かけました。ハンドルを握っていたのは妻で、助手席に私、後部座席には4歳になる娘がいました。よく晴れた絶好のドライブ日和で、カーラジオから流れる音楽を聴きながら、こんなにゆったりとした気持ちで過ごすのは久しぶりだと心がほころんでいくのを感じたのを覚えています。

そのまま車は目的地に向かって走り続け、最高の1日になるという予感でいっぱいだったのです。上り坂に差しかかる、あの瞬間までは……。

ふと我に返った私の目に飛び込んできたのは、とても現実だとは思えない衝撃的な光景でした。

上り坂に差しかかった車が雪解け水でスリップして対向車線の路肩に、対向車線を走る大型オフロードカーが減速できないまま私たちの乗る車に突っ込んできた。

助手席と後部座席は免れたけれど、運転席はぺしゃんこにつぶれていた。

運転席に座っていた妻は、どんなに名前を呼びかけても反応がありませんでした。こんなふうに順序だてて事故の様子をたどることができたのは、ずいぶんと時間がたってからのことです。

妻が救急車で搬送された近くの病院では対応できないということで、旭川赤十字病院へ転送され、手術が始まったのは23時。終了したのは翌朝の5時でした。手術は成功し、一命をとりとめることができましたが、集中治療室の前で担当医から告げられた言葉は、あまりにも残酷なものでした。

「全力を尽くしましたが、奥さんの意識がいつ戻るかわかりません。たいへん申し上げにくいのですが、よくて植物状態になると思っておいてください」

私は娘を抱えて泣きました。絶望という黒い影にすっぽりと包まれたまま、なす術《すべ》もなく、泣き続けることしかできなかったのです。

帯広から妻のいる旭川の病院までバスで片道4時間かけて通いながら、「なぜこんなことになったのか」といったことばかり考えていました。

やりきれなくて泣けてくるのです。娘は両親に預けていましたが、自分の食事は自分でとらなくてはいけません。

車は廃車になっていたので歩いてコンビニへ行くことが多かったのですが、道すがら泣いたこともあったし、買ったものの食べる気になれず、泣き明かしたこともありました。

ストレスで髪の毛が大量に抜け、不整脈で救急病院に運ばれたこともあります。

またあるときは無理がたたって、東京で突然の激痛に襲われました。尿管結石でした。

深夜、ホテルからタクシーで虎の門病院へ駆け込みました。タクシーから降りたとたんに吐いて、吐きながら診察を受けたのですが、その週末はまた東京に来てセミナーを受けていました。なんだかもうムチャクチャでした。

疲れているという感覚さえ麻痺してしまうという経験もしました。

たとえば妻のいる病院から4時間かけて家に戻ったとたんに、容態が悪くなったと連絡を受けて、病院へ引き返したことがありました。

バスはもうない時間だったので、電車で富良野まで行って、駅からタクシーで病院へ向かったのですが、不思議なくらい肉体的な疲労は感じないのです。

とはいえ、神経は興奮状態が続いていて、いま振り返っても大変な時期でした。さまざまなストレスに全身を締めつけられて息もできない。どれもこれも、たちどころに解決するようなことではないと考えたときには絶望的な気持ちになりました。

自分は真っ暗なトンネルの中にいるというイメージが脳裏に浮かんで、一筋の光も見えない。光の差す日など来るのだろうか、来るとしたら奇跡だな、と思いました。

自己啓発の本が希望の光へと導いてくれた

そんなある日、病院へ向かうためにバスを待っているときに、バス停の近くに小さな本屋があることに気づきました。何度もその前を通っていたのですが、まわりの景色など見る余裕がなかったのでしょう。そのとき初めて本屋が目にとまったのです。

時間があったので行ってみることにしたのですが、いまにして思えば、何か閃《ひらめ》きがあったような気がします。無意識のうちに本に救いを求めていたのかなと思うのです。

とても不思議な体験をしました。フラリと入った本屋で、なんとなく本棚を眺めていたら、一冊の本が目にとまった。本が「ここにいるよ」と主張しているようでした。そうしてなんとなく手にとったのがナポレオン・ヒルの『思考は現実化する』（きこ書房）だったのです。

このような「自己啓発」のジャンルの本は、それまで読んだことがありませんでした。それどころか、そんな分野があることさえ知らなかった。知っていたとしても、自分のいる科学の世界とは対極のところにある世界だという偏見をもっていたと思います。

それなのに読んでみようと思ったのは、もう精神世界に救いを求めることしか術がないというところまで追いつめられていたからでしょう。

あのときの不思議な流れは、うまく言葉にすることができませんが、バスの中で『思考は現実化する』を読み始めたとたんに夢中になり、こんなことがあるのかと驚きながら読み続け、読み終えたときには希望が芽生えていたのです。

　とにかく私は現実から逃げないと決めました。その前にすべきことがあると気づいたからです。それは現状がどうであろうと、理屈抜きに「願いはかなう」と信じること。ナポレオン・ヒルはいっています。

「もしもあなたが自分は不運な目にばかり遭っている、自分は不幸だと思っているのなら、その出来事は、そう思うあなた自身が引き寄せていることに一刻も早く気づいてください」

「心のなかに限界を設けないかぎり、人生に限界なんか存在しない」

「自分のほしいものを『必ず得られる』と強く確信すること」

「人間は、自分で自分の運命を決定することができる」

　私は「そうか、トンネルに差し込む光は自分のなかにあったのか」と思いました。

ナポレオン・ヒルがいうように「自分が思ったことが現実になる」とするなら、「妻は必ずよみがえる」と思えばよみがえる。「病院はうまくいく」と思えばうまくいく。

「借金は返せる」と思えば返せる。「何もかもどうにかなる」と思えばどうにかなるのだと。

自分が強く思うことならいまからでもできるし、続けていくこともできるだろう。

すべては自分しだいなのだと、運命をシンプルかつ明快にとらえることができたことこそが一筋の光でした。

その瞬間から私は、「妻は必ずよみがえる」と心のなかでいい切るようにしました。そうならなかったときのことは、いっさい考えないと決めたのです。すると心がスーッと楽になるのを感じました。

それればかりか妻が元気になって笑顔で会話を交わしている様子が浮かんできま

す。「ダメかもしれない」というブロックを外して自由に夢見ることができて、私は救われました。希望が絶望に勝ったのはあのときだったと、いまになって思います。

そこから私は次々に自己啓発本を読むようになりました。バスの中でボンヤリと景色を眺めて「悪い予感」にさいなまれていた時間を、自分が成長するための学びの時間へと置き換えることにしたのです。

もともと勉強が好きなのか、私は学ぶことにのめり込んでしまう傾向があります。本を読みすぎて眼精疲労を覚え、限界だなと思ったときに閃いたのがＣＤを聴くことでした。

たとえばナポレオン・ヒルであれば、「ナポレオン・ヒル・プログラム」という教材があります。当時はシリーズをそろえると１００万円以上しましたが、自分の成長がこの逆境を乗り越えるのに必要ならば厭《いと》わないと考えました。一筋の光を見失いたくないと必死だったのです。

ふつうに聴いていると時間がかかるので倍速にして、デール・カーネギー、ジグ・ジグラー、ポール・J・マイヤー、ブライアン・トレーシーのプログラムもフルキット全部買って聴きまくっていました。


潜在意識の活用法を世の中に広めたジョセフ・マーフィーと出会ったのも、その流れのなかでのことでした。

「ただ、素直にこうありたいと願う。それが現実になると信じる。それがすべてです。ただそれだけで願いは必ず現実化します」と説くマーフィーに、どれほど励まされたかしれません。

余談になりますが、あとに私はマーフィーの著作の出版をする機会に恵まれます。このことにより日本での普及活動に対する貢献が認められ、ジョセフ・マーフィー・トラストから世界初のグランドマスターの称号もいただきました。

現実から逃げなければ、越えられない試練はない

潜在意識の活用法を学びながら2カ月ほどたった頃、私の想いは現実化しました。妻の目が開いたのです。

その時点では担当医から「目は開いても脳波はないので、たんなる反射であって、植物状態になる危機から脱したわけではありません」と告げられましたが、私はよい方向に向かっていると信じていました。「妻の脳波は動き始める」と信じて疑わなかったのです。

そして、そこから1カ月後に脳波が動き始めるという奇跡が起こりました。さらに、その3カ月後には意識が戻りました。

もちろん、そこから長いリハビリを乗り越える必要がありましたが、現在、妻

は元気にふつうの暮らしを送っています。かつて思い描いた、妻が元気になって笑顔で会話を交わしている様子が、そっくりそのまま現実化したのです。

妻の回復と並行してコンサルタントの資格を取得していた私は、あるとき、コーチングを受けていた岩元貴久さんから「何かしたいことはありますか？」と尋ねられました。

そこで私は、「コンサルタントの第一人者である船井幸雄さんと一緒に講演できたら最高ですよね」と答えました。すると、「だったら今年のマスターマインドセミナーで講演してみますか？」とのこと。口に出したことがいっきに現実化したので、驚きました。これもまた奇跡です。

このときのセミナーでは船井幸雄さんとともに、数々のベストセラーを世に送り出している中谷彰宏さんも一緒でした。

引き受けたまではよかったのですが、そんな人たちと一緒の場でどんな講演をしたらいいのかと悩んでいたところ、ナポレオン・ヒルでつながった久家《くげ》邦彦さんから「事故の話をすればいいんじゃない？」と勧められました。

「あなたにしかできない話をすればいいんです。船井さんでも中谷さんでも、そういう体験の話はできないんですから」――そのようにいわれて、私は自分の人生を変えたあの事故の話をすることに決めました。


そして、迎えた講演の日。私が話し終えたときには、会場にいた１５０人ほどの人たちのほとんどが泣いていたことが強く印象に残っています。

そこから出版の流れが生まれ、46歳のときに最初の本を出すことになりました。事故で植物状態になった妻がよみがえるまでを綴《つづ》った実話『自分で奇跡を起こす方法』（フォレスト出版）は、アマゾン１４７時間総合ランキングで1位を獲得し、ベストセラーとなりました。

同時に私は歯科医として働くかたわら、「思い描いた人生をいかに実現していくか」をテーマにコーチ、メンタルセラピストとしての活動を始め、今日に至るのです。

人との出会い、本との出会い、チャンスとの出会い……。そのすべてが奇跡ですが、その奇跡は自分の想いが引き寄せるものです。

いま本当に苦しい、どうにも立ち行かないという試練の最中にいる人も、きっといることでしょう。でも大丈夫です。苦しみがあるなら必ず喜びもあります。苦しみはジャンプする前のしゃがんでいる状態。ですから、現状が苦しいのはよき方向へと進むための兆しだととらえてください。

「神様はその人に越えられない試練を与えることはない」というのはよく聞く言葉ですが、私はさらに「しかも試練を越えたあかつきにはごほうびが待っている」と確信しています。

すべては自分の心の痛みと向き合うことから始まるのです。このことを理解したうえで、まずは現実から逃げないと決める。そして願望を思い描き続ける。大切なのはあきらめないことです。自分を信じて、いまできることを懸命にこなすことです。

バランスのいい人生を考えるうえでの3本柱

さて、これまでの私自身の話をふまえて、バランスのいい人生を送るための私の考えの3本柱を、ここであらためて明確にしておきましょう。

1　ミッションとビジョンを明確にする

ミッションとは、「自分は何のために生きているのか？」「自分にとって価値あることとは何か？」という自分の生き方の軸になる「目的」です。

ビジョンとは、自分の理想。ミッションが達成されたときに自分がどんな様子を迎えているのかを鮮明に描くのがビジョンです。

理想はつねに成長していくものです。ですから、ミッションもビジョンも、ともに終わりなく、それをかなえるために目標をもつのが大切です。

たとえば私は「世界でいちばん理想的な歯科医になる」というミッションをもち、「多くの患者さんが安心して治療を受けることのできる環境をつくり、社会貢献している自分」というビジョンを描いていました。

ミッションとビジョンを明確にすることを、私は「マインドマップを確立する」と表現していますが、マインドマップのないまま生きるのは、目的地を決めないまま街をさまよい歩いているようなもの。骨折り損のくたびれもうけになることは目に見えています。

どうやって人生を拓《ひら》いていけばいいのかわからないという人も、自分はついていないと苦悩している人も、まずはマインドマップという自分の軸を明確にすることが大切。たとえ道は遠くても、マインドマップを確立していれば、確実に理想の人生へ向けて歩むことができるのです。

2　最大限の努力をする

たとえばあなたが「笑顔に満ちた職場で実力を発揮する」というミッションをもち、「いきいきと働いている自分」をビジョンしたとしても、それだけで願望がかなうわけではありません。そのために何をすべきなのかを考え、行動を起こさなければ、あなたの人生には何ももたらされません。

実は、願望をかなえるためにすべきことが発想として降りてくるという流れそのものが、潜在意識からのギフトなのです。

潜在意識をうまく活用するためのコツは、自分を信じて躊躇《ちゅうちょ》なく潜在意識からのギフトを受け取り、とにかく実践すること。つまり潜在意識＋最大限の努力＝願望実現です。

たとえば「世界でいちばん理想的な歯科医になる」というミッションを掲げた

私は、技術を磨くだけではなく、患者さんの心によりそう医師でありたいと考えました。

そこで、本やＤＶＤ、セミナーを通じてコミュニケーション術や笑顔のつくり方について学び、まずは相手の話を傾聴する、元気のない方の相談に乗るといったことを心がけるようにしたのです。

人間考察の一環として、人間分析学を学ぶために、毎週、飛行機に乗って先生のもとへ通っていた時期もあります。

がむしゃらになって、とことん探究するという私の姿勢は、ある意味でかたよっていたといえるでしょう。でも、何が正しいのかはやってみなければわかりません。さらにいえば、これでいいのか悪いのかわからないというカオス（混沌《こんとん》とした状態）は、やがて秩序を生み出します。これもまた宇宙の法則。

いずれにしても、何の挑戦もせず、たんにバランスを求めても、小さくまとめているのにすぎず、不満が解消されることはありません。もっと豊かな人生を送りたいというミッションを掲げたなら、願望実現の過程において、ときにはかたよるほどの情熱や努力の時期を経る必要があると私は断言します。

なぜなら高みをめざして飛び込む世界は、いまいる世界よりエネルギーが強いのです。強いエネルギーに対応するためには、自分の器を強固にする必要があります。自分の器は、さまざまな経験を経て学ぶことでしか鍛えることができません。だから自分にできることはすべてやる。振り切れるまでやってみることが先決。私の経験からいえば、とことんやれば、おのずと自分なりのバランスを習得することができるのです。

3　自分の視野を広げる

生きるうえでのバランス感覚は、自分だけの狭い世界のなかで育むことはできません。視野を広げ、世の中にはいろいろな価値観をもつ人がいるということを知ったうえで、自分を客観的に見る必要があるのです。

そのためには、できるだけ多くの人に触れてみること。たとえば私はニューヨークへ留学したとき、現地で知り合った歯科医たちが一様に人生をエンジョイしていることを知り、仕事がすべての自分はまだまだスケールが小さいと痛感しました。いまにして思えば、変化したいというワクワク感を覚えた瞬間に潜在意識が活性化していたのです。

とはいえ自分になかった価値観に触れ、憧れを抱くことだけがすべてではありません。「こうはなりたくない」と感じる人との出会いもあることでしょう。それもまた、経験です。

私たちは、人と関わることで心の引き出しを増やしていきます。心ない言葉を投げかけられて自分が傷つくことによって、人の痛みを知るという引き出しを増やす、空気を読むという引き出しや、人の目線で物事をとらえるという引き出しを増やすといった具合に。

そのうえで、自分はどうだろうか？　と客観的に自分を見つめることによって、バランスのよい人間関係を習得していきます。

郵 便 は が き

料金受取人払郵便

新宿北局承認

9083

差出有効期間
2024年 5 月
31日まで
切手を貼らずに
お出しください。

169-8790

154

東京都新宿区
高田馬場2-16-11
高田馬場216ビル 5 F

サンマーク出版愛読者係行

ご 住 所	〒 都道府県		
フリガナ		☎	
お 名 前		(　　　)	
電子メールアドレス			

ご記入されたご住所、お名前、メールアドレスなどは企画の参考、企画用アンケートの依頼、および商品情報の案内の目的にのみ使用するもので、他の目的では使用いたしません。
尚、下記をご希望の方には無料で郵送いたしますので、□欄に✓印を記入し投函して下さい。
□サンマーク出版発行図書目録

1 お買い求めいただいた本の名。

2 本書をお読みになった感想。

3 お買い求めになった書店名。

市・区・郡　　　　町・村　　　　書店

4 本書をお買い求めになった動機は?

・書店で見て　　　・人にすすめられて
・新聞広告を見て(朝日・読売・毎日・日経・その他＝　　　)
・雑誌広告を見て(掲載誌＝　　　)
・その他(　　　)

ご購読ありがとうございます。今後の出版物の参考とさせていただきますので、上記のアンケートにお答えください。**抽選で毎月10名の方に図書カード(1000円分)をお送りします。**なお、ご記入いただいた個人情報以外のデータは編集資料の他、広告に使用させていただく場合がございます。

5 下記、ご記入お願いします。

ご職業	1 会社員(業種　　　)2 自営業(業種　　　) 3 公務員(職種　　　)4 学生(中・高・高専・大・専門・院) 5 主婦　　　6 その他(　　　)		
性別	男・女	年齢	歳

ホームページ　http://www.sunmark.co.jp　ご協力ありがとうございました。

視野を広げて社会を見つめることの意味はここにあります。「人間の悩みは、すべて対人関係の悩みである」というのは、心理学者アルフレッド・アドラーの有名な言葉ですが、視野を広げて社会を見つめ、人間関係を整えることが、バランスのよい人生を生きることに直結しているのです。

図太さ×謙虚さ

よけいな謙遜はやめて賞賛を受け取る

会合などで会った人から「ご活躍ですね」と声をかけられたら、あなたはどんな反応をしますか?

私なら「ありがとうございます」と伝えます。間違っても「いえいえ、貧乏暇なしで」などとはいいません。

よけいな謙遜はしないほうがいいということです。潜在意識はその人の発した言葉を素直に受けて働き始めるのですから、この場合、「貧乏暇なし」の現実を引き寄せてしまいます。

幸せになるには図太さが必要です。「自分なんて無理」が「自分だからできる」に変わらなくては、願望がかなうことはありません。

人間というのは誰もが基本的にはネガティブ思考だといわれています。つまり放っておくと、どんどん悪いことを想定してしまうということです。

これまでのところで潜在意識は安定志向だとお伝えしましたが、潜在意識には危険を回避するために最悪なことを想定して、何か起きたときのショックを極力抑えようとする習性があるのです。

だから、「幸せになりたいのに、幸せになるのが怖い」という深層心理が働いてしまって、中途半端な現実を引き寄せてしまいます。

先に述べたとおり、初めて講演をすることになったとき、私は周囲の人から「事故の話をすれば？」と勧められましたが、最初は否定的でした。大勢の人の前で話すことではないし、自分の悲劇を売り物にするなんて浅ましい行為だと思い込んでいたからです。

でもそのときに「事故を通して潜在意識に目覚めたという話は井上さんにしかできないから」といわれて、自分の体験に価値があることに気づきました。

「自分なんて」という遠慮があっても、多くの人に価値を与えられるなら、と図太くなれた。その結果、講演は大成功でした。

私の話を聞いて会場にいた人たちが共感してくれたときに、エネルギーが湧いてくるのを感じ、つらい経験を昇華する機会に恵まれた自分はなんて幸せなのだろうと感謝の気持ちでいっぱいになったのです。

うまくいったときこそ、謙虚さをもってさらに前進

ただし、当然のことですが図太いだけですべてがうまくいくとはかぎりません。

うまくいってもいかなくても、そこに謙虚さがなければ、いい結果を生みません。

たとえば、上司に命じられて徹夜で資料を作成したのに、ダメ出しをされたとしても「骨折り損のくたびれもうけだった」と落ち込むのではなく、上司の言葉をまずは謙虚に受け止めて、悔しさをバネに今度こそは完璧にやってやるぞと奮起すれば、それまで以上のエネルギーが湧いてくるはずです。


エネルギーは水と一緒で使わないと淀《よど》んでしまいます。使えば使うほど新たなエネルギーが湧いてくる。

だからダメだったときのことなんか考えないで、何でもやってみるという図太さを備えることが大切なのです。

そしてうまくいったら、もっと学びたいという謙虚な気持ちでエネルギーを燃やす。そのエネルギーを最大限に使って新たなことに挑む。その両者があって初めて好循環をつくります。

自分が信念をもって行ったことであれば、周囲の人から揶揄《やゆ》されているなと感じても、淡々とやり続ける。その結果、うまくいったとしても調子に乗らない。ここで傲慢になってしまえば、失墜してしまうでしょう。

人気俳優がスキャンダルを起こして干されてしまうなどといったことは、わかりやすい例です。私はいつも自分に重ね合わせて、教訓にしなければいけないなと思います。

日常のなかで見聞きすること、いいことも悪いことも体験のすべてが学びなのだと私は思います。学びと成長をくり返すなかで人生のバランスを整えていくために、図太さと謙虚さをもち合わせ、使い分ける術を身につける必要があるのです。

人間関係×自分軸

人間関係こそが人生における幸せの基本

ハーバード大学で700人を対象に75年間にわたって行われた「幸せな人生を送るために必要なもの」をテーマにした研究結果によれば、幸せとは富を得ることでも、地位や名誉を手に入れることでもなく、「質の高い人間関係の構築」だと判明したとのこと。

親や子ども、夫婦やパートナー、友達、仕事仲間、ママ友、近隣の住人など、人間関係にもいろいろありますが、どんな関係性であってもよいことがわかっています。

そして、どんな人たちとの間でも「質の高い人間関係」を築くためには、「相手の気持ち」と「自分の気持ち」のバランスを意識しながら調和を心がける必要があることはいうまでもありません。

相手を思いやる気持ちが思いやりのある人を引き寄せるのは、薔薇《ばら》の花の種を蒔《ま》けば薔薇の花が咲くというのと同じ自然の摂理であり、宇宙に流れる「原因と結果の法則」であるといえます。

つまり、宇宙の原理原則に従って生きることが幸福への道なのです。

さて、あなたはドクダミの種を蒔いておきながら、薔薇の花が咲くことを夢見たりしていないでしょうか？　せっかく薔薇の種を蒔いたのに水をやり忘れて枯らしてしまってはいないでしょうか？

究極的なことをいえば、質のいい人間関係を引き寄せるための方法はひとつしかありません。それは自分自身が質のいい人間になることです。

人づきあいは夢をかなえる「下ごしらえ」

「類は友を呼ぶ」というように、人同士は同じ波長でつながっています。

したがって、エネルギーの高い人との交流はひじょうに大切です。

そうわかっていても、ときにプライドや負けん気が邪魔して、よい人づきあいが保てないこともあるでしょう。

でも、どんなに悔しくても、みじめでも、エネルギーの高い人とのつきあいを通じて、エネルギーのおすそ分けをしてもらうのが得策なのです。

たとえば社内で仲のいい同期のグループがあり、そのなかのひとりがいち早く出世したとしましょう。そのときに自分も出世したいという願望を強くもつというのは至極当然のことだと思います。

けれど、そうした人の多くが出世した人との距離を置き、まだ出世していない人たちとの絆を強めてしまいがち。これでは出世は遠のいてしまうでしょう。

勝負は最後の最後までわかりません。だから同僚のエネルギーにあやかりつつ、「あせることはない」と自分に言い聞かせることが大切。実はあせらないことがいちばんの早道だといえるのです。

人生においても料理でいうところの下ごしらえが大切なのです。根回しといってもいいかもしれません。

そのうちのひとつに、「人づきあいを円滑にする」という項目を入れることをおすすめします。

具体的にいえば、大切な局面で足をすくわれることのないように味方を増やしておく。少なくとも敵をつくらないようにしておくということです。

どんな場合でも大切なのは自分軸をもつこと

ただし、人間関係をつくるときに何よりも大切なのは自分軸をもつということです。私は価値を得ないことはしないと決めていますので、人と自分を比べて落ち込むことはないし、嫉妬心やあせりは不毛、けっして理解し合えることのない価値観の違う人と戦うのは時間のムダだと割り切っています。

したがって、人間関係のしがらみで悩むということはまずありません。

もちろん、何を自分軸にするかは人それぞれ。自分の意に背いてまで人に合わせることはできないと考える人は、自分の価値観を貫けばいいと思います。

不器用な人だと揶揄されても、正直な人だという評価が高まれば、ついていきたいという人や応援してくれる人が現れることでしょう。

私は価値観の違う人だなと感じても意見をぶつけ合うことはしませんが、だからといって自分の価値観を曲げるわけではありません。

場の空気を読んで、「まぁね」「なるほどね」と相槌《あいづち》を打つにとどめたり、「そういう考え方もあるよね」といいながら、相手の話を聞くことに徹することにしています。


私の経験からいえば、相手の価値観に賛同しないというだけで敵ができることはありません。相手の価値観を否定するから敵対関係になってしまうのです。

だから、どんな人の話も傾聴します。価値観の近い人だなと思えば、相手と私の話す割合は五分五分になりますが、価値観が違うと感じた人との会話の場合、8割方は聞き手に回る感じです。


人は自分の話を聞いてくれる人に好意を抱く傾向にあります。セミナーや講演会などで質疑応答の時間を設けるのは、そのためでしょう。

どんなにすばらしい講義も講演も、聞くだけでは満足が得られない。自分の話も聞いてほしいという聴講者のニーズに応えているわけです。

相手に配慮してその欲求を満たしながらも、自分軸を曲げない配慮と工夫が人間関係には必要なのです。

そのようにして築かれた人間関係が人生をより豊かで価値のあるものにしてくれるのです。

忍耐×容認

忍耐よりも自分を受け入れ、認めることが大事

かつての私のコーチングのクライアントで、ママ友問題に悩んでいるという人がいました。

教育方針をめぐって口論となり、ママ友のグループ内で仲間外れにされている。夫に相談したところ、「君の態度が悪かったんじゃないの?」などといわれたことから夫婦げんかに発展し、子どもは子どもでママ友の子どもたちからいじめられ、学校をやめたいといい出した。八方塞がりだと落ち込んでいたのです。

私は「ママ友と家族とどちらが大切ですか?」と尋ねました。「当然、家族です」という返答だったので、「だったら家族円満であれば、ママ友のことは見切

ったらどうですか？」とアドバイスしました。
心のなかでママ友との意見が合わなくても放っておけばいい、仲間外れにされても淡々と過ごせばいいと割り切ることを勧めたのです。後日、家族優先でと決めたら心が楽になりましたとの報告がありました。

この場合は、「何もかもうまくやるためには？」から「自分にとって何が大切なのか？」と発想の転換をすることで、心を整理することができたのです。
自分さえ我慢すればと考える人もいますが、自己犠牲は美徳ではありません。いつのときも自分の心に素直に従い、自分軸で生きることこそが美徳です。

しかも自己犠牲という波長が引き寄せるのは、傲慢な人だと相場が決まっています。自己犠牲を払えば払うほど、自分さえよければいいと考える人を引き寄せ、忍耐を強いられますが、つけこまれることはあっても、感謝されることはない。どこに我慢する意味があるのでしょうか。必要なのは忍耐ではなく、寛容であることです。

犠牲を払い続けるというネガティブなループから脱出し、寛容さを備えるためには、自己重要感を高めること。自己重要感を高めるためには、自分の価値観を構築すること。

自分の価値観を構築するためには、自分が何に喜びを感じ、何に怒りを覚えるのかといった自分の喜怒哀楽を観察して、しっかりと把握すること。

つまり自分が自分のよき理解者でなければいけないのです。

もしもあなたが、なぜ自分は忍耐を強いられるのか？　と悩んでいるのだとしたら、原因は自分を大切にしていないことにあります。

自分の価値観を明確にしましょう。自分の価値観が明確になっていれば、誰かと自分を比べることも、誰かの価値観に翻弄されることもなく、ストレスのない日常を取り戻すことができるのです。

同様に、もしもあなたがいま勉強や仕事に限界を感じ、心が疲弊したあげく鬱になりそうだと思っているとしたら、あるいは集団生活のなかで人間関係の問題を抱え、死にたいと思っていたとしたら、私はその場から離れたほうがいいとアドバイスします。

たしかに忍耐が実を結び、よい結果につながることもあります。でも、病気になってまで我慢する必要はありません。いかに立派な仕事であっても、命と引き換えにするほどの価値はありません。その場所から逃げていいのです。

逃げてもいいが、すべての原因は自分にあると知る

状況がどうにもつらく、手に負えないようなら逃げてもいいといいましたが、

状況からは逃げても「物事のとらえ方」から逃げてはいけません。

つまり、いまの現実は自分の思考が引き寄せたのだと考えることが大切。くり返しお伝えしますが、潜在意識＝原因と結果の法則。どんなに理不尽な出来事であっても、必ず反省すべきことがあります。どんな経験にも意味があるととらえ、それを洗い出してみましょう。

といって自分を責めることには意味がありません。教訓をこれからの人生のために役立てることが目的です。つらい経験を、ただつらいままに終わらせてしまうのは、もったいない。意味づけしだいでつらい経験も価値ある経験に変換することができます。


実は私も自動車事故に遭った際には「どうしてこんな目に遭わなければいけないのか」と嘆いていました。

でも、被害者意識が苦しみの要因のひとつだったといまになって思うのです。

そこから救ってくれたのは、「何がいけなかったのだろう？」という振り返りの発想でした。

あの日、両親が「遠出はしないほうがいい」といったのに、自分は聞く耳をもたなかった。そもそもドライブしようと提案したのは、家族サービスをしたいという考えからでした。久しぶりの晴天だったのに雪解け水でスリップすることを想定していなかった……。

こうして現実を見つめることで被害者意識を捨て、かくなるうえは前向きに取り組んでいくしかないと腹をくくることができたのです。

また、知らずしらずのうちに自分は世の中を甘くみていたのかもしれないという気づきから、どんなときも過信せず、慎重にやっていこうと心に刻むこともできました。

「どうしてこんな目に遭わなければいけないのか」から「何がいけなかったのだろう?」へと自分への問いかけを変えただけで、見える景色が違ってくる。発想の転換こそが心のバランス、ひいては人生のバランスを整えていくための特効薬だといえるでしょう。

自己愛
×
思いやり

潜在意識を動かす秘訣は、自分を愛せるかどうか

自己愛という言葉は、自分好き、うぬぼれ屋、自己中心的だと解釈され、そんな自分ではありたくないと感じる人がいるようです。でも私は、自己愛というのはひじょうに大切なものだと考えています。

もちろん病的な場合は論外ですが、自己愛は自分を大切にすること、自分を信じること、自分を誇らしく思うこと。他人軸ではなく、自分軸で生じる愛なのですから、自己中心的でよいのです。

私自身もまた日々のなかで自分と向き合い、たとえ成果が出ていなくても「が

んばってるね」と自分をほめ、「その調子だ」とおだて、「自分なら必ずできる」と励まします。

明らかに失敗だったという出来事が起きても、「そういうこともあるよ」と自分によりそい、「いい学びだったと思おうよ」と自分の落ち度を許し、「バネにして、これまで以上にがんばろう！」と自分にエールを送ります。

こんなふうに言語化することを稚拙に感じる人がいるかもしれませんが、経営者であろうと、スポーツ選手であろうと、芸能に関わる人であろうと、世の中で活躍している人の誰もがそれぞれの形で自己愛を大切にし、自己との対話を通じて、それまで成長しているはずなのです。

きびしく成果が求められる世界こそ、意識のもち方、とくに潜在意識の働かせ方がものをいいますし、それを意識している人もまた多いのです。そして、自己愛を上手に発動させている人はそれに応じた成果を手にしているのです。

本当の思いやりとは、ときにきびしくあること

自己愛ばかりだと他者への愛が減ってしまうのではないかと思うかもしれませんが、そうではありません。

人を大切にするという点においても、自己愛が一役買ってくれるのです。他者を思いやることができるのは、自分の心が満たされている人だけなのです。

ここにコップがあるとしましょう。水を注いでいけば、カップから水があふれ出します。そのあふれた水を捨てずに他者に与えること＝他者への思いやり。自分の心が枯渇していて誰かに水を与えることができるでしょうか？

ところがこの順番を間違えてしまう人が目立ちます。

もちろん自分の心が満たされていようといまいと「いい人」であることはすばらしいことなのですが、「いい人」であれば運を引き寄せられると思い込み、走り始めてしまう人の多くが「いい人だと思われたい」ということに執着しています。

その結果、「いいたいことがいえない」「いつも人に迎合してしまう」「自分は風見鶏《かざみどり》だ」といった自己嫌悪にさいなまれてしまう。それでは本末転倒です。

そういう人は「いい人」の意味を履き違えているのです。人によく思われたいあまりに、いい顔ばかりをしている人は、自分に対して愛を注いでいない人です。自分を大切にしていないのですから、けっきょくのところ他人への思いやりには至らないのです。

本当の思いやりとは何だろうと考えたとき、イエスマンであることはけっして相手のためになるとはかぎりません。後輩や部下が仕事でミスをしたときに、黙って見逃すのではなく、きびしく指導することが真の思いやりだということもあるのです。

相手に憎まれても価値あるものを提供する。思いやりというのはそういうものだと思います。それは、本当の自己愛がないとできないことなのです。

エゴを捨てる
×
感謝する

エゴを捨てたとき、本当の理由が見えてくる

「自己愛」と似て非なるものに、「エゴ」という言葉で表現されるものがあります。「エゴが強い」人とは、すなわち虚栄心や承認欲求の強い人。そういう人は周囲の人から嫌われたり、軽視されたりしてしまいます。

エゴの裏側にはトラウマやコンプレックスがあります。潜在意識はいち早くエゴからトラウマやコンプレックスを感じ取り、素直にネガティブな思考にふさわしい現実をつくります。

たとえば、いつも恋愛相手に裏切られ、友達から「男運がない」などと揶揄されて傷ついたという人がいたとしましょう。

その人が「結婚したい」と望む心の奥に、「結婚して周囲の人を見返してやりたい」といったエゴがひそんでいる場合、一時的にうまくいったとしても、その結婚が幸せにつながることは少ないでしょう。

潜在意識はその人の魂を成長させるように働きます。相手の条件や外見にこだわるなど、世間体に翻弄されている場合には、まだわかっていないようだと判断し、再び試練を用意して気づきの機会を与える。

つまり、その人は自分のエゴに気づくまで「うまくいかない現実」をくり返すということです。

結婚にかぎらず物事がうまくいかないときは、「うまくいかないことには理由がある」と考えて自分と向き合い、不純な動機があったなら断ち切ることが先決。たとえ誰かに悔しい思いをさせられたとしても、過去のことは許すことです。

結婚したい理由が見返してやりたいということだったと気づいたら、結婚は本来の願望ではなかったということに思い至るかもしれません。
そのようにエゴを捨てたとき、自分の人生にとって本当に大事なことが見えてくるのです。

大きな試練が、実は人生が好転した転機だったというのはよくある話です。不運なことがあると絶望的になってしまいますが、人生は長い目でとらえ、希望を失ってはいけないのです。

感謝するほどに願望がかないやすくなる法則

エゴを捨てると、物事がうまく回るようになり、人生が好転し始めます。素直な心で世界を見るようになると、湧き上がってくるのは感謝です。感謝するとさらに物事はうまくいく。まさに好循環が起こってくるわけです。

私自身、自分がここに至るまでに出会った人たちに心から感謝しています。

たとえば、歯科医になったのは自分ががんばったからなのですが、勉強する機会を与えてくれた両親、励ましてくれた恩師や先輩、刺激的な友達がいたからこそいまの自分があるのだと思います。


自己啓発の活動をスタートすることができたのも、共鳴する人たちとの出会いがあったからこそなのです。

たしかに私は人一倍勉強したかもしれないし、信念も人並外れて強かったかもしれません。でも努力や行動をどんなにしても、人の縁に恵まれなかったら扉は開かれなかった。いつのときもチャンスを運んできてくれたのは人でした。


当時は、願望をかなえるためになどと考えて動いていたわけではなかったのですが、お世話になった人にはお礼状を書く、お中元やお歳暮を贈るということをしていました。

自己啓発を通じて出会った人たちにも敬意を払い、自分ができることであるなら依頼されたことは快諾すると決めていたのです。

だから引き立ててくれたというわけでもないと思いますが、もしも私が「してもらって当たり前」と思っていたら、あるいは態度が悪かったりしたら、私の人生のストーリーは、いまとは違うものになっていたでしょう。

親切にした人から恩返しされるとはかぎりませんが、「原因と結果の法則」に従ってよい種を蒔けば、よい結果を引き寄せることができます。

プライド×器

「つまらないプライド」と「意味のあるプライド」

高校受験に失敗して滑り止めに受けた高校へ行くことになった私が現実を受け入れられず、ふてくされていた話は、すでにお伝えしました。いま振り返ると、その頃の自分は自分自身への嫌悪感やプライドを別のかたちで表現していたのかもしれません。

私はいまも、生きていくうえでプライドは大切なものだと思うし、プライドのない人なんていないと考えています。

ただし、プライドには自分を誇りに思うことでモチベーションが高まり、好奇心旺盛に成長していくための力となる「意味のあるプライド」と、見栄が優先して自分を過大評価した結果、独りよがりになってしまう要因となる「つまらないプライド」の2種類があるのです。

高校時代の私は挫折を認めるのが怖かった。だからつまらないプライドにしがみついていたのでしょう。このままでは人生の敗北者になってしまうと気づくまでには時間が必要でした。

つまらないプライドは人生の妨げになるというのは真実です。生活に困窮しているのにもかかわらず、プライドから助けを求めることができなければ餓死してしまうこともあります。

問題は「つまらないプライド」が「意味のあるプライド」のフリをして人の心を占領していくことです。

虚栄心がいつのまにか向上心に変換され、やみくもに物事を進めてしまうといった罠《わな》にはまらないためには、人生経験を踏むしかないのかもしれません。

「自分の器」を知ってこそ価値ある生き方ができる

こんな話があります。ある料理店のオーナーが親から店を引き継ぎ、順調にお店を成長させました。周囲の人からすごい商才だと賞賛されたこともあり、すっかりその気になったオーナーは、立て続けに2号店、3号店を展開します。ところが、味が落ちた、サービスが低下したといった理由から常客が離れ、最終的には3軒とも畳む結果に終わってしまったというのです。

この料理店のオーナーの敗因は、「事業を発展させたい」という思いと自分の器が一致していなかったことにあります。

3軒に増やせば収入が3倍になるというわけではないのです。テナント料や人件費が増え、しかも時間と労力が3倍かかります。するとつねに忙しく、つねにストレスフルな状況下で働くことになる。

やがて管理しきれなくなっていき、少しずつ手抜きを覚え、問題が勃発しても心も体も疲弊した状態ではよい考えは浮かばない。

走り始める前なら冷静に考えることができても、追い詰められたなかで冷静に考えるのは不可能なのです。


店舗を増やすなら、リスクを踏まえたうえで新たなしくみを構築したり、スタッフとのコミュニケーション法を学んだりといった準備をすることで、自分の器を大きく強固なものへと育てておくべきでした。

何をするにしても、性分や気力や体力を含めた自分の器とのバランスがとれていなければ、継続していくことはできません。


そもそも自分の器を知っていたら、1軒目の成功に感謝して、この店を大切に守っていこうと考えたのではないでしょうか。自分の器にふさわしい価値ある生き方を見つけることができれば、立派な人生の成功者なのだと私は思います。

ダイヤモンドは輝きが問われます。小粒であっても美しいほうが、大きいだけで輝きの鈍いものより価値がある。人生も真の豊かさと自分のエゴをはき違えてしまわないようにしたいものです。


人から正当に評価されていないと感じたときや、バカにされていると感じたとき、人と自分を比べてモヤモヤしたときなどに、「つまらないプライド」は人生のなかで幾度でも顔を出し、心を翻弄します。

けれどそんなときもいったん深呼吸をして心を落ち着かせて、これは「意味のあるプライド」だろうか？　と冷静に考えてみましょう。それが人間的な成熟であり、成熟こそが幸せへと導いてくれるのです。

場のエネルギー

×

人のエネルギー

エネルギーの「質」がすべてに影響する

この世に存在するすべてのものは、エネルギーです。人間もエネルギーですし、その行動をつかさどる潜在意識もエネルギーです。そう考えれば、環境を選択することはとても重要なことなのです。

たとえば同じ繁華街にあるビルであっても、定着するテナントで埋まっているビルとコロコロとテナントが変わるビルがあります。同じビルでもある一角に出す店はことごとくつぶれていく、というのも、よく見かける光景です。

賃料が高いとか、オーナーが曲者《くせもの》だとかいったこともあるかもしれませんが、私はビルの建つ土地のエネルギーの違いではないかと思うのです。

エネルギーの低い土地が引き寄せるのはエネルギーの低い店。店で働く人のエネルギーも低く、すると飲食店であればお客さんに提供する料理やサービスの質も低くなる。そうなれば当然、お客さんは離れてしまいます。

これがテナントが定着しないビルのからくりだといえるでしょう。

エネルギーには質があると確信している私は、ビジョンを描きづらくなっているなと感じたら、いつものカフェで３００円のコーヒーを飲んで過ごすのではなく、ホテルのラウンジで１０００円のコーヒーを飲んで過ごします。

ハイクラスの店には、ハイクラスなエネルギーが充満しているのです。立地、設計、陽当たり、風通し、見晴らしにこだわり、インテリアやサービス、コーヒーカップに至るまで、すべての面で心地よさが追求されています。

一流の人たちの高いエネルギーに触れる

場のエネルギーとともに大切なのは、「人のエネルギー」です。なぜなら、たとえば一流の店であればもっともエネルギーを高めてくれるのは、その店に集う人たちだからです。「お客さんの質を見れば、その店のランクがわかる」といわれるように、ハイクラスな場所には一流の人が訪れます。

そうした人たちの高いエネルギーに触れることで、自分のエネルギーも自然にアップすることができるのです。

さらに、ハイクラスな場所にいる人と会話を交わすことができたら最高です。

私の知人などは、家の近所のスポーツジムではなく、都内の一流ホテルのジムに入会しています。

もちろん会費は何倍もしますが、自分のモチベーションを上げるための価値ある行動だと考えているようです。


ホテルのジムではクリスマスのときなどにパーティが開催されるのですが、そうした機会に会員の人たちと知り合い、会話を交わします。

おすすめの店の話であったり、最近読んだ本や観た映画の話であったりと他愛のない内容であることが多いのですが、実はエネルギーを高めるために役立つ情報の宝庫なのです。


私は時間の許すかぎり、エネルギーの高い場所で知り合った人との会話に出てきた店へ足を運びます。質の高い会話を楽しむためには本も読むし、映画も観るようにしています。

エネルギーの高い人からの情報もまた、高いエネルギーであり、自分を高めるギフトだと考えているからです。

実際、紹介された店で知り合いにバッタリ会い、その人と同席していた人が以前から会いたいと思っていた一流人だった、という奇跡に恵まれたこともありました。

最後は「笑顔」で、自分自身のエネルギーを高める

エネルギーの高い人たちと接するには、こちらのエネルギーも高めておく必要があります。したがって、そのための工夫も怠ってはなりません。たとえば、その秘訣のひとつとして私が心がけているのは、時間的なゆとりをもって出かける準備をすること。

あくせくしているとエネルギーを消耗してしまうので、ゆっくりとシャワーを

浴びて、ゆっくりと整髪をする。好きな音楽を聴きながら、じっくりと服を選び、背筋を伸ばして、悠々と歩いて目的地へ向かう。

これだけでエネルギーが高まり、堂々とした印象を与えることができるでしょう。

最後の仕上げは笑顔です。笑顔は人によい印象を与えるだけでなく、自分自身のエネルギーを高めるための必須アイテムだと思います。「目は口ほどにものを言う」というように、瞳には感情が表れます。

笑顔というと、ただ笑えばいいと思っている人が大半でしょうが、その世界は実に奥深い。私は「笑顔」について、徹底的に勉強と研究を重ねました。笑顔をテーマにしたセミナーに参加したり、ＤＶＤを購入して学んだりしていた時期もあります。

なかでもエドウィン・コパードが推奨するメソッドが印象的でした。

自分のなかに「王様」「戦士」「恋人」「魔法使い」の４人がいると考えて、相手に応じてそれぞれのエネルギーをイメージしながら歌で表現するという、ユニークなものです。

感覚的にとらえがちな笑顔というものについて、コパードのメソッドはきわめて論理的で、実践的に笑顔のつくり方を伝授してくれるのです。

イメージを使って瞳の表情をつくるのはひじょうに効果的だと思います。ぜひ、実践してみてください！

言葉×感情

言葉よりも
その裏にある感情が大切

潜在意識を活用して願望を現実化するための手法のひとつに、ポジティブな言葉でなりたい自分を引き寄せるアファメーションがあります。

無限のエネルギーをもつ潜在意識は、ポジティブな言葉をインストールすることによって活性化するので、それにともなって、その人のスキルや能力が高まり、パフォーマンスによい影響を与えるというロジックです。

アファメーションは祈りと違い、「出世できますように」ではなく「出世する」と宣言する。あるいは「出世した」とすでにそうなった自分をイメージして言葉にすることが大切だといわれています。

また、ミッションに対して自信が揺らいだときに「自分なら大丈夫！」「守られている！」といった言葉を発すれば、潜在意識に伝わりモチベーションを保つことができる。

あるいは、いい流れがあったときに「うれしい！」「最高！」といった言葉を使えば、さらにモチベーションが上がると考えられています。

たしかにアファメーションは価値ある方法だと私も思います。ただし、ポジティブな言葉を口にすればいいというものではないというのが持論です。

実は私も、自己啓発に目覚めた頃は著書やセミナーで推奨する「イエス、イエス、イエス」といったアファメーションを実践していました。

ところがだんだん面倒くさいと感じるようになり、アファメーションは自分には向いていないと気づいてやめてしまったのです。

そうして冷静になって考えてみたところ、ただ呪文のように唱えるだけでは意味がないのではないかと思えてきました。

言葉の役割というのは感情を伝えることなのだから、言葉より先に感情がないといけないのではないか。潜在意識を学べば学ぶほど、そう思えてきたのです。

言葉そのものより、その言葉の奥にある「感情」こそが大切なのです。

「面倒くさい」と思いながら、何万回「自分ならできる！」といっても効果は薄い。自分を奮い立たせたり、自信をもったりすることはできても、潜在意識を活性化することにはつながらないのです。

感情をともなったものが潜在意識に残る

脳の中には「海馬」という器官があり、私たちが見たり聞いたりしたことや、いつ、どこで、何をしたかという情報は、すべて海馬に入力されます。

脳の中で記憶は、覚えていなくてもいい短期記憶と、覚えておくべき長期記憶とに大別されるのですが、海馬はそれらを判別するまでの収納庫です。

やがて長期記憶と判別された情報は大脳新皮質の「側頭葉」に移動し、記憶として定着するのです。


短期記憶とは、いま自分が意識している領域の記憶のことで、それこそが顕在意識とも呼ばれるもの。

一方、長期記憶とは、その出来事が反応感情に与えたインパクトが強いがゆえに刻まれた記憶のこと。深層的で、感覚的で、自分では意識できない領域の記憶でもあります。これが潜在意識の正体なのです。


人の感情は、外部から受けた情報に対し、海馬から記憶を引き出し、感覚的思考の右脳と論理的思考の左脳を脳梁《のうりょう》を介して情報整理をしたうえで、最終的には扁桃体《へんとうたい》でつくられます。

わかりやすく解説すれば「この人カッコいい」という右脳と、「どうしてそう思うのだろう?」という左脳が相談した結果、扁桃体で「好きだ」と決定するということ。

いずれにしても、感情をともなったものだけが長期記憶＝潜在意識に残るのです。

呪文みたいにポジティブな言葉を唱え続けていれば、潜在意識が変わっていって願望実現につながると考えるのは間違いだということを理解していただけたでしょうか。

正しくは、感情をこめながらポジティブな言葉を唱え続けていれば、潜在意識が変わっていって願望実現につながるということなのです。

見えない世界 × 見える現象

何でも「見えない世界」につなげるのは考えもの

願望実現や潜在意識に興味のある人は、「見えない世界」に関心のある人が多いでしょう。いわゆるスピリチュアルといわれる分野ですが、あまりそちらの世界につなげて物事をとらえるのも考えものです。

先日も、「シンクロが起きました！」と手ばなしに喜んでいる人がいました。「取引先の人にメールしようと思っていたら、そのタイミングで先方から電話がありまして。これって、ほぼほぼうまくいくってことですよね？」などと同意を求められたのですが、私の答えはイエスでもノーでもありません。

シンクロニシティは心理学者カール・ユングが提唱した分析心理学における概念で、意味のある偶然の一致を意味します。

ユングは「人の深層意識はすべてつながっている」と説き、思考エネルギーが宇宙とつながることによって、意味のある偶然を引き寄せると説いているのです。


私はこのことに異存はありません。たとえば、それまで自己啓発にまったく関心がなかった私が、ふと入った本屋の棚で、ナポレオン・ヒルの『思考は現実化する』という本が目に飛び込んできたなどというのは、意味のある偶然だったといえるでしょう。

事故に遭い、いまのこの状況で終わるのでなく、自分の人生を価値ある人生にしたいという気持ちが引き寄せたのだろうと思います。

でも自己啓発の存在を知った時点では、未来は何も決まっていなかったと断言できるのです。

私は自己啓発を徹底的に学ぶなかで、潜在意識の法則というものがどういうものであるのか？　どうすれば摩訶《まか》不思議な宇宙の法則を現実世界で体現することができるのだろうか？　と考えながら、論理的に落とし込んでいくことで納得しながら実践し、少しずつ人生を改善してきました。

「見える現象」の裏の意味を深く汲み取る

はっきりいいます。冷静さを備えていない人には潜在意識をうまく活用することはできません。シンクロが起きたからといって一喜一憂しているようでは、潜在意識を操ることはできないのです。

潜在意識が活性化したことによってシンクロが起こるという情報を得たからといって、シンクロに意識が集中してしまうと勘違いが生じます。

たとえば占いで「あなたのラッキーナンバーは8です」といわれた人が、街中でやたらと「8」を見かけるということがあります。

この現象を潜在意識からのGOサインだなどと受け止めるのは、あまりにも短絡的だと私は思うのです。論理的に考えれば、「8」を意識しているから「8」という数字が目に飛び込んでくるにすぎません。

それなのに潜在意識をかじっている人にかぎって、これは宇宙からのGOサインだなどと勘違いしてしまう。

その結果、大きな賭けに出て失敗したという話がめずらしくないのですが、そうした人は宇宙のエネルギーを活用するどころか、翻弄されてしまっているといえるでしょう。

取引先の人にメールをしようと思っていたら、タイミングよく先方から電話がかかってきたというのにしても、喜ぶのはまだ早いといえるのです。

相手とよい縁でつながっているとはかぎりません。シンクロだなどとぬか喜びする暇があったら、同じ波長同士が引き合うという宇宙の法則を鑑みて、自分のどんな思考がこのシンクロを引き寄せたのか？　と考えるべきなのです。

自分がすべきことをした結果が願望実現。この世が3次元の世界である以上、目には見えないエネルギーの法則を信じるのと同時に、「本質を見失ってしまうと現実は動かない」と認識しておく必要があるのです。

目には見えない宇宙の法則と現実世界をつなぐのは理性だと私は思うのですが、いかがでしょうか。

現実世界 × 宇宙エネルギー

マインドマップを描けば、現実的な方法が見えてくる

心のなかでいくら思い描いたところで、現実世界とつなげることをしなければ何事も実現しません。その間をとりもってくれるのが潜在意識です。

たとえば、あなたが企業で営業を担当していて、トップセールスマンになりたいと思っていたとしましょう。でも、どんなに強く願ったところで、それだけで夢をかなえることはできません。冷静に考えれば、誰でもわかることだと思います。

ただし、夢を描くことによって潜在意識に働きかけることができます。この働きかける段階をどう過ごすのかが、潜在意識を上手に活用するうえでひじょうに

大切なところなのです。

潜在意識にしつこいほど「トップセールスマンになりたい！」と語りかけながら、「トップセールスマンになって表彰されている自分」を強く思い描くことで、必ず変化が起こります。

それは、「トップセールスマンになる」という変化です。なんとなく考えるのではなく、真剣に考えるようになるでしょう。

そのうえで次にすべきは新たなマインドマップを打ち立てることです。

ここまでのところで「トップセールスマンになるためにはどうしたらいいだろう？　と考えるようになる」というミッションをもち、「表彰されている自分」というビジョンを描くというマインドマップを備えていたわけですが、さらに目の前にある目的にフォーカスしたマインドマップをつくります。

そのためには、なぜトップセールスマンになれないのだろうか？　と原因を探る必要があります。苦しい作業になりますが、自分の欠点を洗い出すのです。

たとえば自分は社交性がないから営業成績が振るわないと思うのであれば、ミッションは「社交的になる」であり、「顧客と朗らかに談笑を交わしている自分」をビジョンとして設定します。

すると、潜在意識はそのための現実的な方法を教えてくれるのです。

人生を豊かにするためにタイムラグは必要

このプロセス、心に描いた願望を潜在意識に落とし込むためには「タイムラグ」が必要なのです。

タイムラグとは願望を心にくっきりとプリントして、そこからのヒントを得ることで現実的行動へとつなげていく大切なプロセスです。

たまたま読んだ本や、観た映画からインスピレーションを得るかもしれないし、出会った人に感化されるということかもしれません。いずれにしても何らかの影響を受ける出来事との出合いは偶然ではなく、何らかの意味があるのです。

このことに気づくかどうかが、潜在意識を活用するうえでの大きなポイントとなります。潜在意識が活性化しているという実感が、さらなる活性化につながるのですから。

思考を現実化していくまでのタイムラグは、思考を細分化して現実に近づけていくために必要な調整時間だといえるのですが、この時点では、まだ何も決まっていません。よい方向に急展開することもあれば、何年もかかることもあります。

調整時間の違いは、記憶の貯蔵庫にどれくらいの叡智《えいち》が保管してあるかの違いだといえるでしょう。つまり現実世界での経験値がものをいうのです。

だから、どんな経験も怖れない、失敗しても腐らない、結果をあせらない。こうした情報も潜在意識からのギフトです。

いまこの一節を読んで、「そうなんだ、やってみよう！」と思ったあなたの潜在意識は、確実に活性化していると私はいい切ることができます。

願望は細分化することで現実に近づくという話をしました。人間がエネルギー体だから細分化することが効果的なのです。このことは科学の世界でも解明されています。

心も体もすべては「エネルギー」でできている

潜在意識とは「宇宙エネルギー」であると私は表現してきました。

かつて人間は「物体」であるととらえられていましたが、現在、量子物理学の分野では、人間は「物質」であると同時に、「エネルギー体」であると考えるのが主流です。

物質は原子によって構成されていて、原子を細分化すると素粒子になる。素粒子は波動でなりたっており、それがエネルギーであるということが解明されているのです。

コミュニケーションはエネルギーの交換。エネルギーは対峙《たいじ》する人と時空を超えて見えない世界を共有しています。言葉にしてもエネルギーがこもっているから人の心に響くのです。

ジョセフ・マーフィーも潜在意識は宇宙エネルギーだと断言しています。大宇宙のもとにいる生きとし生けるものはすべて、エネルギーが具現化した存在だと。

近年になって解き明かされた量子物理学の見解と、100年も前にマーフィーが説いた理論が一致しているというのは驚異的なことなのですが、残念ながら、私たちのいる3次元の世界ではエネルギーの力だけで願望をかなえることはできません。

現実世界のなかで可能なことを行いながら、夢に近づいていく必要があるのです。

宇宙エネルギー（潜在意識）を信じつつ、現実的にできる努力を怠らない。このバランスを欠いて、ひたすら願い続けているだけでは、夢は絵空事で終わってしまうということを心に刻んでほしいと思います。

運命×バイオリズム

「波に乗る」時期は潜在意識が教えてくれる

私は運命学で師範の資格をもっています。

マネジメントの勉強をしたときに、人を動かす力の大切さを痛感し、人の特性を知りたいと考えたのが、運命学を学ぶきっかけでした。

最終的にはビジネスに活《い》かしやすい統計学と心理学を統合して分析学へと流れていくのですが、いずれも大本になっているのは、中国で陰陽五行をもとに生まれた四柱推命です。

ご存知の方も多いと思いますが、四柱推命は生年月日と生まれた時間を干支暦《かんしれき》に変換し、そこから陰陽五行のエネルギーバランスを推し量って鑑定していきます。

生まれた日と時間によってその人の運命がほぼ決まってくるというのが、四柱推命の根本原理にあるわけです。

こうした運命というものについて、信じる人もいれば信じない人もいると思いますが、人生には流れがあり、それぞれの時期に応じて生き方を変えるという考え方は古くからあります。

三十にして立つ（社会的に自立する）
四十にして惑わず（自信がつく）
五十にして天命を知る（使命を悟る）
六十にして耳順《したが》う（何事にも素直に耳を傾ける）
七十にして心の欲する所に従えども矩《のり》を踰《こ》えず（生き方をコントロールする）

というのは孔子の言葉ですが、もちろんすべての人が理想的なタイミングで人生を歩んでいけるわけではありません。

たとえば戦争中に育った人と高度成長期に育った人とでは精神性が異なるといった具合に、時代背景によって人間の成熟度は違ってくるでしょうし、その人が背負う運命によっても変わってくるでしょう。

私は、溝口メンタルセラピストスクールでバイオリズムを学び、「ロイヤルマスターメンタルセラピスト」の称号を唯一いただいていますが、人生にもバイオリズムがあるという点は共通しています。

何をやってもうまくいく時期がある一方で、何をやってもうまくいかない時期があるのは、誰もが日々のなかで感じていることなのではないかと思います。

ならば、バイオリズムのいい波に乗ればいいわけです。それができたら苦労はしないという声が聞こえてきそうですが、運のとらえようによって誰にだってできます。

私自身は、幸運期と停滞期という分け方はしていません。「いまがタイミングだという時期」と「いまは準備期間だという時期」があるととらえています。準備期間というのは、自分の器を願望にふさわしいものへと育む期間。そこで私は、準備期間を最大限に使おうと考えているのです。

よく、人生はタイミングが大事だといいますが、すべきことをしていれば、タイミングは潜在意識が教えてくれます。

逆説的にいえば、何をしてもうまくいかない時期を通して、機が熟していないことを知らせてくれるともいえます。潜在意識の声に耳を傾け、素直に従えばいいだけのことです。

運命は自分の意識がつくり出していくもの

潜在意識の声を聞き取るためには、つねにニュートラルでいることが大切です。ガツガツしない、無理をしない、あせらない。高い山であればあるほど、足元を見て一歩ずつ着実に進んでいかなくては、息が切れてしまいます。

もっとも、自分の願望を大きいとか困難だと判断するのは顕在意識であって、潜在意識は相対的な価値観をもっていません。

その無限のエネルギーをもつ潜在意識に待ったをかけてしまうのが占いの類いだということもあります。

占いで「今月は何をやってもうまくいかない」と出て、「そうなんだ」と認識した瞬間に、潜在意識はネガティブな思考を汲み取って、ネガティブな現実を引き寄せてしまうことでしょう。

運命は潜在意識しだい。つまり気のもちようなのですから、落胆している場合ではありません。

私なら星座占いでダメなら九星気学とひとつの分析学にこだわることなく、ポジティブな気持ちになるまで乗り換えます。

厄年を気にする人もいますが、マイナスのエネルギーがあって気をつけなくてはいけないということは、同時にプラスのエネルギーも存在しているんだなと考えれば、いつだってプラスマイナスゼロだということになります。

病気になりやすいというのなら健康管理に気をつければいいのだし、人間関係のトラブルが勃発しやすいというのなら自分の言動に気をつけようと思えばいいだけで、ネガティブな情報に引っ張られてはいけないのです。

うまくいかない人生を「そういう運命だから」などと運命のせいにする人もいますが、お門違いもはなはだしいといえるでしょう。

運命は自分の意識でつくるものです。運命を活用した結果が現実なのであって、運命は人を翻弄することなどできません。

努力をしながらタイミングを待ち、絶好のタイミングでいい波に乗る。すべては自分しだいなのです。

性格×意味づけ

けっきょく性格とは、「とらえ方」にすぎない

私は数多くの分析学を実用的なものと考え学びましたが、溝口式バイオリズム分析を活用しています。「バイオリズム分析」「性格分析」「職業適性分析」「マッチアップ分析」「潜在能力分析」など、多様性をもった分析ができ、組織マネジメントにとても有効です。

また、10万人以上、８００社を超える法人企業へのサポートも行ってきた実績、実例もあり、とても有効なものです。

性格分析についていえば、人の気質や性格から「平和主義」「完璧主義」「温情主義」「自然主義」「自由主義」「理想主義」などに分類できます。

組織をつくるときも、とても役立ちますし、自分の性格の特性やバイオリズムなどを把握して、他者との相性をみることもできます。

私はこのように、相手の性格特性を考えたうえで伝え方を変え、コミュニケーションを円滑に運ぶよう心がけています。

こうしたことを通じて痛感したのは、性格というのはわかっているようでわかっていない。けっきょくのところ、とらえ方にすぎないということなのです。

やさしいことが決め手となってつきあい始めた人と、優柔不断だという理由から別れたといった場合にも、相手が変わったのではなく、性格の意味づけが変わっただけです。

同様にマイペースとは自己中、親切な人とはお節介な人、信念の強い人とは頑固者と同じ意味です。

つまり、長所と短所は表裏一体。長所を伸ばせば短所も際立ち、短所を消せば長所も損なうとなるわけで、性格は直すものではなく、長所も短所もともに活かすべきなのです。

いずれにしても考えのない人事はうまくいきません。私はその人の性格を活かせる場所に配置するという適材適所の人事を実践しています。

性格は変えられる。「どうなるか」より「どうするか」

上司に忠告されたときに、自分は見込みがあるからきびしいことをいってくれたのだろうと受け止めて奮起する人と、自分はダメなやつだというレッテルを貼られたと落ち込む人がいて、これは思考以前に性分の問題だともいえます。

でも、ビジネスで成功したいという願望を抱きながら、「自分は根暗だから人に誤解されてしまう」と考えたり、挑戦できずにいることを「マイナス思考な自分には無理だ」などと性格のせいにしてあきらめてしまう人を見るにつけ、もったいないなと思うのです。

私は性格は変えられると思っています。

前述したように性格は意味づけしだい。根暗な人、マイナス思考な人は慎重だととらえることもできるでしょう。

だとしたら慎重であることを武器にがんばろうと思えば、ポジティブ思考が潜在意識に伝わり、ポジティブな性格に変わっていくはずです。

性格を一気に変えようとするから、つまずくのです。自分はネガティブだと自覚している人の多くが、そういう自分を変えようといきなりポジティブになろうとしてしまいます。

まずはネガティブな思いを断ち切り、ネガティブでもポジティブでもない自分を目標にします。

上司に忠告を受けたときに、自分は見込まれていると考えるところまではいけなくても、自分はダメなやつだというレッテルを貼られたという発想は捨てる。よけいなことは考えないと決めるのです。

そのうえで上司に指摘された点を改善しながら前進すれば、結果としてポジティブな人と同じ道を歩むことになる。こうした成功体験を重ねて少しずつ修正をかけていけば、性格は変わります。

もしも自分にはネガティブな発想を捨てることさえできないだろうと思うなら、それが自分の人生だとあきらめるしかないでしょう。

私ができるのはアドバイスを通して影響を与えることだけ。人は他人を変えることはできません。自分を変えることができるのは自分だけなのです。

お金
×
意識

自分の存在エネルギーは思いで変えられる

けっきょくのところ、自分が生きているこの世界を決めているのは、自分の思い込みなのです。自分がどう解釈するかが、この世で起きることに意味をつけ、あなた自身のあり方すらも変えてしまいます。

たとえば、ごくたまにですが、私のことを占ってくれたり、未来について予言をしてくれる人と会う機会があります。たとえば沖縄でいえばユタといわれる人です。

そういう人たちにみてもらう前に、私は自分のエネルギー状態を高めておきます。「天地宇宙の最高のエネルギーが私に降り注いでいる、それによって私のエネルギーが最高に高まっている」と自分のなかで思うのです。
そのように思ったあとで会うと、必ずよいことしかいわれません。すばらしい未来の可能性がある、という内容のことを告げられるのです。

また、講演のときも、同様に自分に最高のエネルギーが降り注いでいる、と思ってからステージに上がることにしています。すると結果、講演の内容もすばらしいものになりますし、ほかの人からも、「あのときの井上さんはエネルギーがすごかった」といわれることも多いのです。

人は誰でも、意識しているしていないにかかわらず、そうした能力をもっているのだと思います。潜在意識とは宇宙エネルギーだと述べましたが、深いところで潜在意識はすべての人とつながっています。
したがって、自分が思ったことは他人にも伝わるし、その人の印象やあり方、エネルギーの状態が、思いひとつで変わっていくということは十分にあり得ると思います。

思いが変われば、お金は「使っただけ入ってくる」

そこには「言葉」も深く介在しています。言葉を連動させることによって、またその言葉が連動した意味づけの解釈ができる言葉の能力をもつことによって、それが、事実かどうかは別にして、自分のなかに事実としての存在をつくりあげることもできるのです。

たとえば、「お金を使うと、お金がなくなる」と多くの人は思っています。

でもなかには、「お金は使えば使うほど、入ってくる」と語る人がいます。「お金は使わないと入ってこない。だから使ったほうがいいよ」と折に触れていってくる人もいます。豊かな人はとくに、そういう考えをもっている人が多いようです。

好きな服を好きなだけ買えば、お金がなくなっていくのは当然のことで、それは変えがたい常識だと多くの人が信じています。

でも、自分がいい服を買っておしゃれな姿を見せることによって、世の中にこんなにきれいな服があり、それを身につけることによって人はこんなにも輝けるのだと見せることができるということもできます。

個人として消費しているのではなく、社会のために貢献しているのだという意味づけをすれば、使うだけ入ってくるというお金の流れを現実につくり出すことにつながっていくのです。

本当に豊かな人は、一般的に信じ込まれている「お金は使ったら減る」という常識のさらに先にある、もう少し踏み込んだ世界、エネルギーの世界を理解したうえで、物事に取り組んでいるのです。そういう人にとっては、現実もまた違った顔を見せてくれるわけです。

継続習慣 × 健康管理

継続する信念がなければ、何事も実を結ばない

ウォルト・ディズニーは「夢をかなえる秘訣は、4つの『C』に集約される。それは『Curiosity（好奇心）』『Confidence（自信）』『Courage（勇気）』『Constancy（継続）』である」という言葉を残しています。

これまでのところで、願望を現実化するためには行動の原動力となる好奇心を抱くこと、自分を信じること、勇気をもって挑戦することについてお伝えしてきましたが、ここでは継続することについて触れたいと思います。

どんなに願望が強くても、ためしにやってみたという程度ではやらないのと同じです。「結果を出すまで努力を続ける」「けっしてあきらめない」という信念が

なければ、かなうはずの願望もかないません。

継続することでしか得られない成長があるのです。願望をかなえるまでのあいだには忍耐を強いられることもあるでしょう。勇気を出してトライしたのに失敗してしまったということもあるでしょう。自分は何をやっているのかと嫌気が差すことだってあるかもしれません。

でも、挫折しそうになっても心を立て直し、再び歩み始めたときに、無意識のうちに構築された誇らしさが潜在意識を活性化させ、無意識のうちに放つ情熱的なエネルギーが応援してくれる人を引き寄せ、私たちは実現に向けて駒を進めていくのです。

何事も習慣化することができればしめたものだといえるでしょう。このことを私は体づくりを通して実感しました。

40代の頃は疲れても寝れば復活していたのですが、50の声を聞く頃になると慢性的な疲労感を覚えるようになり、これはまずいと感じたのがきっかけでトレーニングを始めることにしたのです。

何を達成したいのか、明確なビジョンを描け！

そのときに私が目標として掲げたのは「体の状態を整えてエネルギーの高い状態をキープする」というもの。描いていたビジョンは、「スーツをカッコよく着こなしている自分の姿」でした。

つまり、一言で健康管理といっても、何を達成したいかということです。体にどこか不具合があれば、それを正すことが目標になるかと思いますが、べつだん病気などもない私が何をめざすかといったときに、外見を整えるというビジョンをひとまずのゴールにしたのです。

たかが外見と思うかもしれませんが、猫背の人と姿勢のいい人、どちらがポジティブなエネルギーを受けることができると思いますか？

清潔感を保つこと、身なりに気を配ること、そして健康的であることは、自分のエネルギーを上げることにつながり、人生の質を確実に向上させてくれます。


専門家についてトレーニングを行いながら、栄養バランスのよい食生活へとシフトチェンジし、なおかつ食事の時間を厳守することにしました。

夕飯は19時、そこからたっぷりと胃腸を休め、朝食は7時。外食をしてランチでカロリーオーバーしたときは、夕食を控えめにするようにしています。

最初はトレーニングも食事制限もつらかったのですが、周囲の人に理想を実現化すると公言していた手前、ギブアップするわけにもいかず続けていました。

そうしたところ、気づけばそれが習慣化していて、いつものようにやらなくては気持ちが悪いという感覚を覚えるようになったのです。

その後はつらさを感じることはなく、3カ月で体重を5キロ落とし、体脂肪を

12・5パーセントにするという目標を達成しました。

成功の秘訣は、スタートからゴールまでの科学的なデータに基づいたプロセスを明確にしていたこと。おかげであせらずに、この時期を経れば必ず体重も体脂肪も落ちると信じてやり続けることができたのです。

あせりは自分がやっていることは正しいのだろうか？　という不安から生じますが、不安があると軸がブレてしまうため、継続することができなくなる。つまり願望実現が遠のいてしまいます。

いずれにしても、「やると決めたらやる！」という根性論だけではむずかしいといえるのです。そこで小さな目標を立てて小さな達成感を積み上げ、自分のモチベーションを保つのも一案。

自分に合ったやり方を見つけた者勝ちだと思います。もっとも自分のやり方も継続していくなかで見つけていくものです。

過去×現在×未来

過去の成功は心の引き出しにしまっておく

過去の経験を活かして生きる、いまを見つめて精いっぱいに生きる、未来を夢見て希望をもって生きる。そのどれもが大切で、過去と現在と未来についてつねにバランスよく考えていることが人生を豊かにすると私は確信しています。

そのためには「過去」「現在」「未来」についての自分の価値観を明確にしておくことが大切です。

たとえば私は過去に執着はしませんが、過去に経験したことは心の引き出しに入れて、必要に応じて取り出すようにしています。

「あのときはよかった」と、いまと比べて落ち込むことはない。でもピンチに立たされたり、何かに挑戦するときに「あのときもうまくいったのだから、今度もうまくいくはずだ」と考えて、気持ちをアップするということならあるのです。

また、理想と現実のギャップを埋めるためにも、過去を振り返る必要があります。

継続することができなかった、勇気がなくて挑めなかったなど、過去のなかには自分の課題がひそんでいるのです。

その課題に気づいたら、それを解決する行動を習慣化することを心がけることが大切。習慣化しなければ、たちまち潜在意識に引き戻されてしまうでしょう。

誰でも、なかったことにしたいと思うような失敗体験がある一方、これはうまくいったと小躍りしたくなるような成功体験だってあるはずです。

前者にかたよればネガティブ思考になるし、後者にかたよれば傲慢さにつながってしまいます。失敗体験からの学びと、成功体験を通して得た自信のバランスをうまくとりながら生きることが大切なのです。

いまを楽しみつつ未来を見据えて上手に生きる

「現在」に関しては、いまのことに集中することと、未来につなげることのバランスを考えています。

お金に特化してお伝えすれば、いまを楽しむために使うことも大事、老後に備えることも大事だととらえているということです。

いまさえよければいいとほしいものをどんどん買ったりして貯《たくわ》えがゼロというのでは、路頭に迷う未来が来るのは目に見えています。

かといって老後のことばかり考えて、いまを楽しまないのでは何のために生きているのかわからない。
両者の塩梅《あんばい》をうまく調整するためには、価値あるお金の使い方を心がける必要があるでしょう。

ちなみに私は自己啓発を学ぶために、高額な資料や教材を購入したり、世界中のセミナーを受講しに行くための費用をかけてきましたが、これからを生きていくための自己投資だととらえていました。

株式投資や不動産投資にリスクはつきものですが、自己投資にはリターンしかありません。
もっとも自分のやる気しだいですが、投資したお金をムダにしたくないという信念をモチベーションにしてきたのです。

10年単位で見直せば、新たなミッションが見えてくる

「未来」については、欲張らないこととあきらめないことのバランスを大切にしています。

ミッションを掲げ、未来を見据えて進んできましたが、還暦を迎えて逆算して人生をとらえるようになりました。

残念ながら寄る年波には勝てず、これまでのペースで仕事を続けることはできません。だからといって落胆することはないのです。

真昼の太陽はまぶしいけれど、沈む夕陽もすばらしい。海を橙色《だいだい》に染めながら堂々と沈んでいく夕陽のように、悠然と生きていきたいと思っています。

今後はエネルギーの比重を少しずつ、仕事からプライベートな時間へと移していくつもりです。といって仕事で進化することをあきらめたわけではなく、何が起こるかわからない未来に期待している自分もいます。

人生を俯瞰して眺め、成しとげたこととやり残していることを把握してゼロ地点に立てば、自分の新たな価値を構築することができるはずです。

人生１００年時代を思えば、まだまだ先は長い。とはいえ目まぐるしく移り変わる社会情勢や、人工知能の導入などによる時代の変化のスピードを見越して、長きにわたる人生計画を立てるのには限界があるといえそうです。そこで私は10年単位で区切って人生を見つめ直すことを提唱します。

私の場合、40代の頃には仕事、お金、人間関係、健康という優先順位をつけてバランス調整をしながら50代で円熟期を迎えるという計画を立てていましたが、

50代では人間関係に重きをおいて60代に備えてきました。

ここからは健康を第一に考えてさまざまな活動を続けていく計画です。そうして70代になっても現役でありたい。社会貢献をめざしていたい。

これが、60歳の誕生日に立てた私の新たなミッションです。

「かけ算の知恵」は、「価値ある人生」を生きる道しるべになる

本書は、私が「価値ある人生」を送るうえで大切だと思う要素を挙げて、「かけ算」の形で提示しました。

なぜ、「かけ算」なのかは、プロローグでも述べましたが、私たちの人生によい悪いはないということです。どんな人間でも欠点や弱点はあるものです。そうした「弱み」は別の表現をすれば（裏返せば）強みに変換できるなどともよくい

われます。

けれども、弱みは弱みのままでいいのです。たとえば物事を速く進めることのできない人は、スピードが求められる社会では欠点だとみなされがちです。

しかし、そのゆっくりしたペースが人に安心感や親しみを与え、たくさんの人からの信頼を勝ち得るかもしれません。

したがって、弱みは弱みとして活かしていく。わざわざ別の価値観に置き換えたり裏返したりする必要はないのです。

どんな人でも、「強み×弱み」「長所×短所」「善人×悪人」……といったかけ算で生きています。かけ算ということは、その二つの要素がいずれも活かされるということです。両者をかけ合わせるからこそ、誰にもないその人らしさが現れるのです。

人がもっとも幸福感を覚えるのは、富を得ることでも、地位を得ることでもなく、誰かに必要とされることだといいます。

その年代年代で、自分なりの人生のバランスを整えながら、周囲の人に「あなたと会えてよかった」といってもらえる生き方をすることが、悔いのない人生を生きることに直結しているのです。

もちろん人生にはいろいろな試練が待ち受けています。けれど大切なのは、それをどう乗り越え、どう成長していくか。その先に続く未来をつくるのは、いつのときも自分だということを忘れてはいけません。

そして、輝かしい未来を誇り高く歩いていくために、この本で紹介した「かけ算」がときに道しるべとなり、ときによき伴走者となってくれることでしょう。

人生で迷ったり、つまずいたりしたときには、あらためてこの本のページをめくってほしいと思います。きっとそのときの自分に必要な「かけ算」を見つけることができるでしょう。

いまが試練の真っただ中だという人もいるでしょう。でも、夜明け前の闇がいちばん深いというのも宇宙の法則。いまが正念場と心を切り替え、未来のためによい種を蒔きましょう。不安を手ばなし、希望という名の水を与え続けてください。

無理をすることはありません。あせる必要もない。自分にできることを淡々とやりながら、まっすぐに歩んでいくことが大切。価値ある人生を生きるためにできることは、いまを懸命に生きることしかないのです。

井上裕之（いのうえ・ひろゆき）

1963年北海道生まれ。東京歯科大学大学院修了後、世界レベルの技術を学ぶためニューヨーク大学、ペンシルベニア大学、イエテボリ大学で研鑽を積み、医療法人社団いのうえ歯科医院を開業。理事長を務めながら、東京医科歯科大学、東京歯科大学非常勤講師、インディアナ大学客員講師など国内外の7つの大学で役職を兼任している。その技術は国内外から評価され、とくに最新医療、スピード治療の技術はメディアに取り上げられ、注目を集める。いのうえ歯科医院理事長、歯学博士、経営学博士。世界初のジョセフ・マーフィー・トラスト公認グランドマスター。本業のかたわら世界的な能力開発プログラム、経営プログラムを学び、独自の成功哲学「ライフコンパス」を編み出し、「価値ある生き方」を伝える著者として全国各地で講演を行っている。著書は累計80冊で130万部を突破。

人生の黄昏を黄金に変える「賢者のかけ算」

2023年4月10日　初版印刷
2023年4月20日　初版発行

著　者　井上裕之
発行人　黒川精一
発行所　株式会社サンマーク出版
〒169-0074 東京都新宿区北新宿2-21-1
電話　03-5348-7800
印　刷　株式会社暁印刷
製　本　株式会社若林製本工場
ISBN978-4-7631-4049-4 C0030
ホームページ https://www.sunmark.co.jp
©Hiroyuki Inoue,2023

サンマーク出版・話題の本

ノウイング

アンドウミフユ【著】

四六判並製／定価＝本体 1600 円＋税

自分を深く知ったとき、
〝未来〟は向こうからやってくる。
ノマドワーキングの先駆者がたどりついた
「願望実現」の新天地。
あなたの人生にも、「パラダイムシフト」が起こる！

◎時間は未来から流れてきている
◎ひらめきや気になることは未来からのお知らせ
◎運命は決まっていないが「魂の道」がある
◎ＨＯＷを決めると願望は絞られる
◎短期集中で感情を整え人生を向上させる
◎未来を「思い出す」練習をしてみる……etc.

電子版は Kindle、楽天〈kobo〉、または iPhone アプリ（iBooks 等）で購読できます。

サンマーク出版・話題の本

千に一つの奇跡をつかめ!

千本倖生【著】

四六判上製/定価=本体 1600 円+税

稲盛和夫氏とともに
現・KDDI の第二電電を立ち上げ、
日本が誇る企業を次々につくった
【連続起業家】が語る、
平凡な人生から抜け出し、大飛躍するための「生き方論」。

プロローグ　命が輝く生き方をしよう
第 1 章　ゼロからイチを生み出す力
第 2 章　苦難は栄光の呼び水
第 3 章　最初に飛び込むペンギンとなれ
第 4 章　利他の心で生かされ生きる

電子版は Kindle、楽天〈kobo〉、または iPhone アプリ（iBooks 等）で購読できます。

サンマーク出版・不朽のミリオンセラー

生き方

人間として一番大切なこと

稲盛和夫【著】

四六判上製／定価＝本体 1700 円＋税

2つの世界的大企業・京セラとKDDIを創業し、
JALの再建を成し遂げた当代随一の経営者である著者が、
その成功の礎となった人生哲学を
あますところなく語りつくした「究極の人生論」。
企業人の立場を超え、すべての人に贈る渾身のメッセージ。

第１章　思いを実現させる
第２章　原理原則から考える
第３章　心を磨き、高める
第４章　利他の心で生きる
第５章　宇宙の流れと調和する

電子版は Kindle、楽天〈kobo〉、または iPhone アプリ（iBooks 等）で購読できます。